Katrin Pinetzki

KLEINE FÜßE, GROßE ABENTEUER

Unvergessliche Wanderungen für Familien

Gemeinsam im Ruhrgebiet unterwegs

aktiv KLARTEXT

Bildnachweis

Adobe Stock: ©Falko Göthel S. 4/5; ©Elly Miller S. 103; imago: /CHROMORANGE S. 25; /Rupert Oberhäuser S. 57; /imagebroker S. 110; /Hans Blossey S. 112, 114; /blickwinkel S. 116; /Werner Otto S. 125, 127; /Zoonar S. 128, 139; Funke Foto Services: Andreas Buck S. 39; Martin Möller S. 59; Frank Oppitz S. 66; Rainer Raffalski S. 78; Jürgen Theobald S. 92; Jochen Tack: S. 104; Birgit Andrich: S. 113;
Alle anderen Fotos stammen von Katrin Pinetzki

Die Lösungen zu den Rätselseiten findet ihr hier:

Bibliografische Information der Deutschen Nationalbibliothek
Die Deutsche Nationalbibliothek verzeichnet diese Publikation in der Deutschen Nationalbibliografie; detaillierte bibliografische Daten sind im Internet über portal.dnb.de abrufbar.

Impressum

2. Auflage Juni 2025
Layout und Satz: Joachim Bartels
Illustrationen: Meike Hamann
Kartenerstellung: Leon Thomes
Karten: Die Karten wurden mit Daten von OpenStreetMap erstellt (www.openstreetmap.org).
Umschlaggestaltung: Joachim Bartels
Druck und Bindung: AALEXX Druck Produktion, Thönser Str. 5a, 30938 Großburgwedel

ISBN 978-3-8375-2654-7

KLARTEXT

Jakob Funke Medien Beteiligungs GmbH & Co. KG
Jakob-Funke-Platz 1, 45127 Essen
info.klartext@funkemedien.de
www.klartext-verlag.de

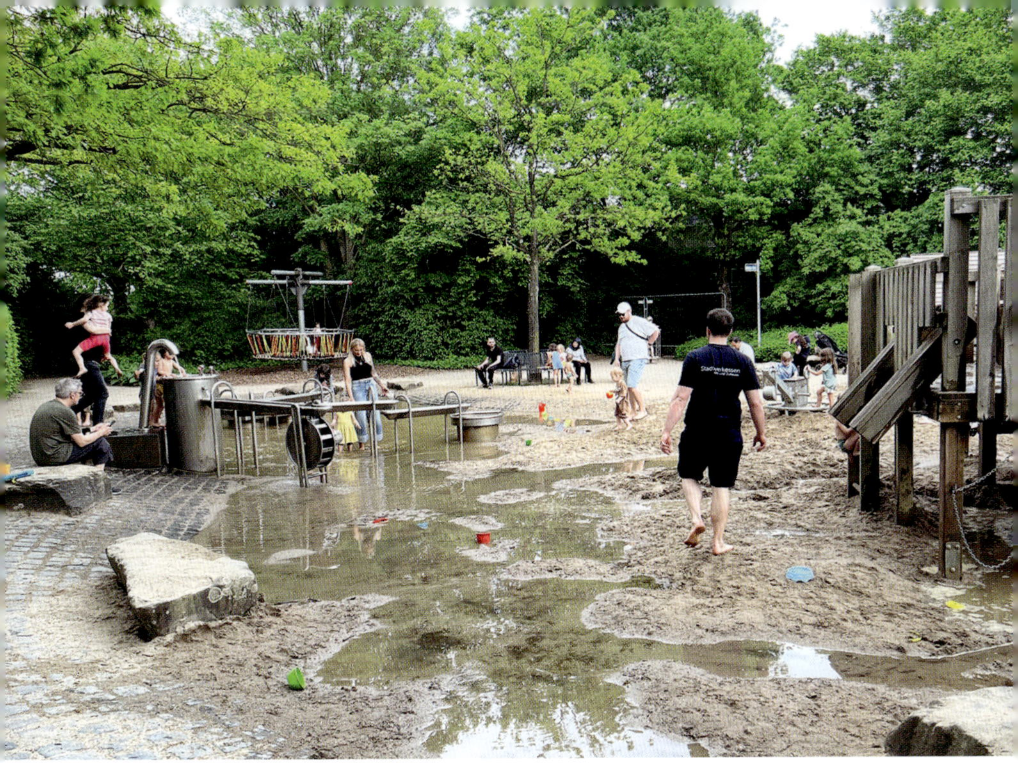

Zeichenerklärung

- Sonniges Wetter
- Regen
- Windiges Wetter
- Gehzeit
- Streckenlänge
- Höhenmeter
- Startpunkt
- Zielpunkt
- Haltestelle
- Parkplatz
- Spiel & Spaß
- Aussichtspunkt
- Gastronomie
- Naturerlebnis
- Burgen/ Schlösser/ Historische Orte
- Wassererlebnis
- Kinderwagen-freundlich
- Öffentliche Toilette/WC
- Barrierefrei

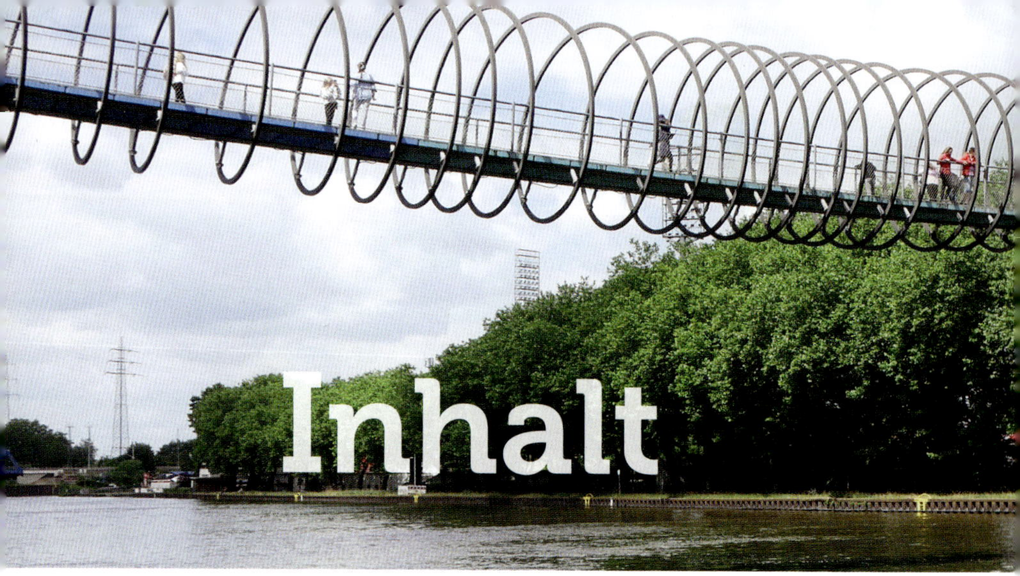

Inhalt

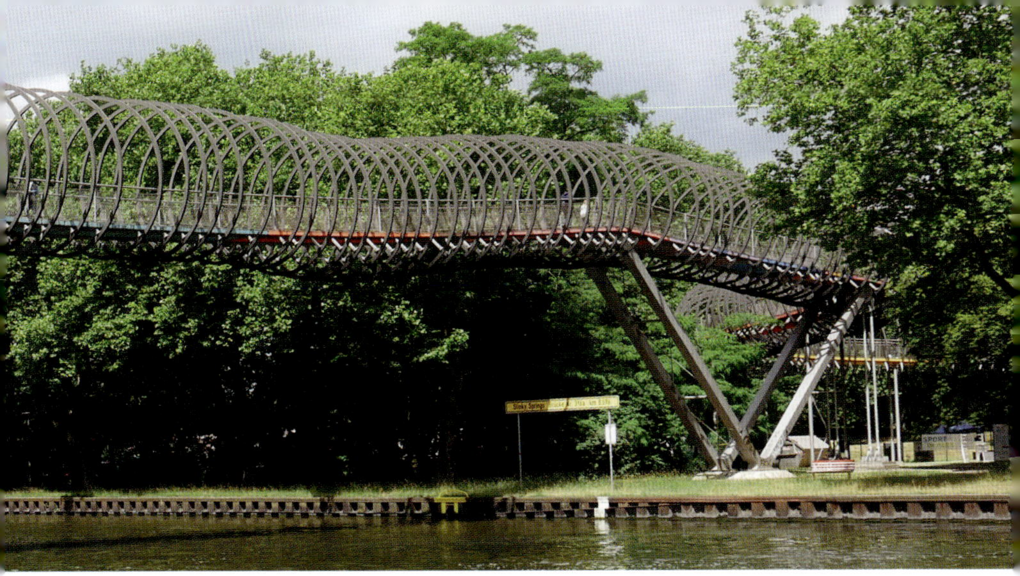

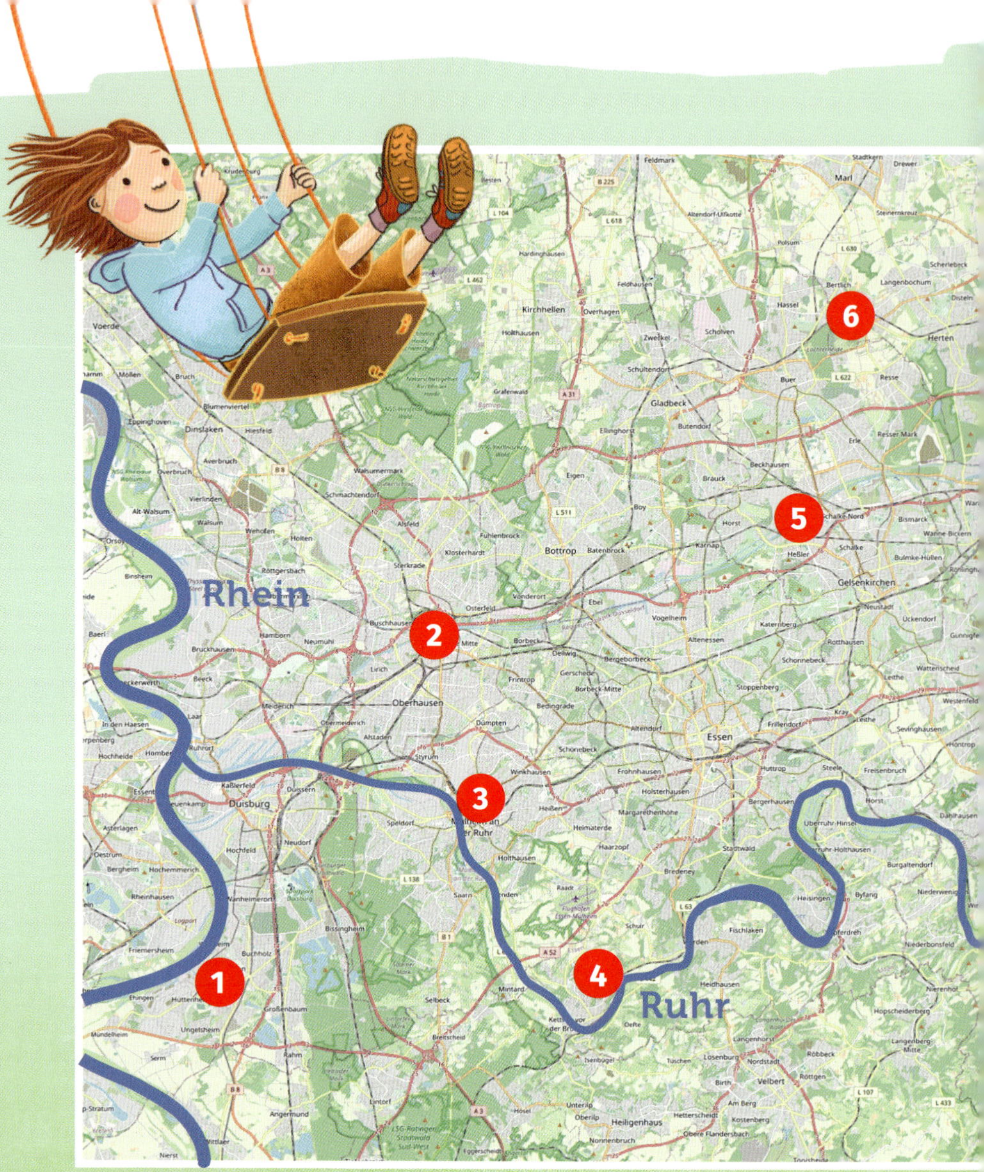

Tour 1 „Tiger & Turtle" und der Rhein in Duisburg

Tour 2 Tierwanderung in Oberhausen

Tour 3 Wasserwanderung in Mülheim

Tour 4 Der Waldlehrpfad im Stadtwald Kettwig

Tour 5 Von Stein zu Stein in Gelsenkirchen

Tour 6 Eine Spurensuche im Alten Dorf Westerholt

Die Touren im Überblick

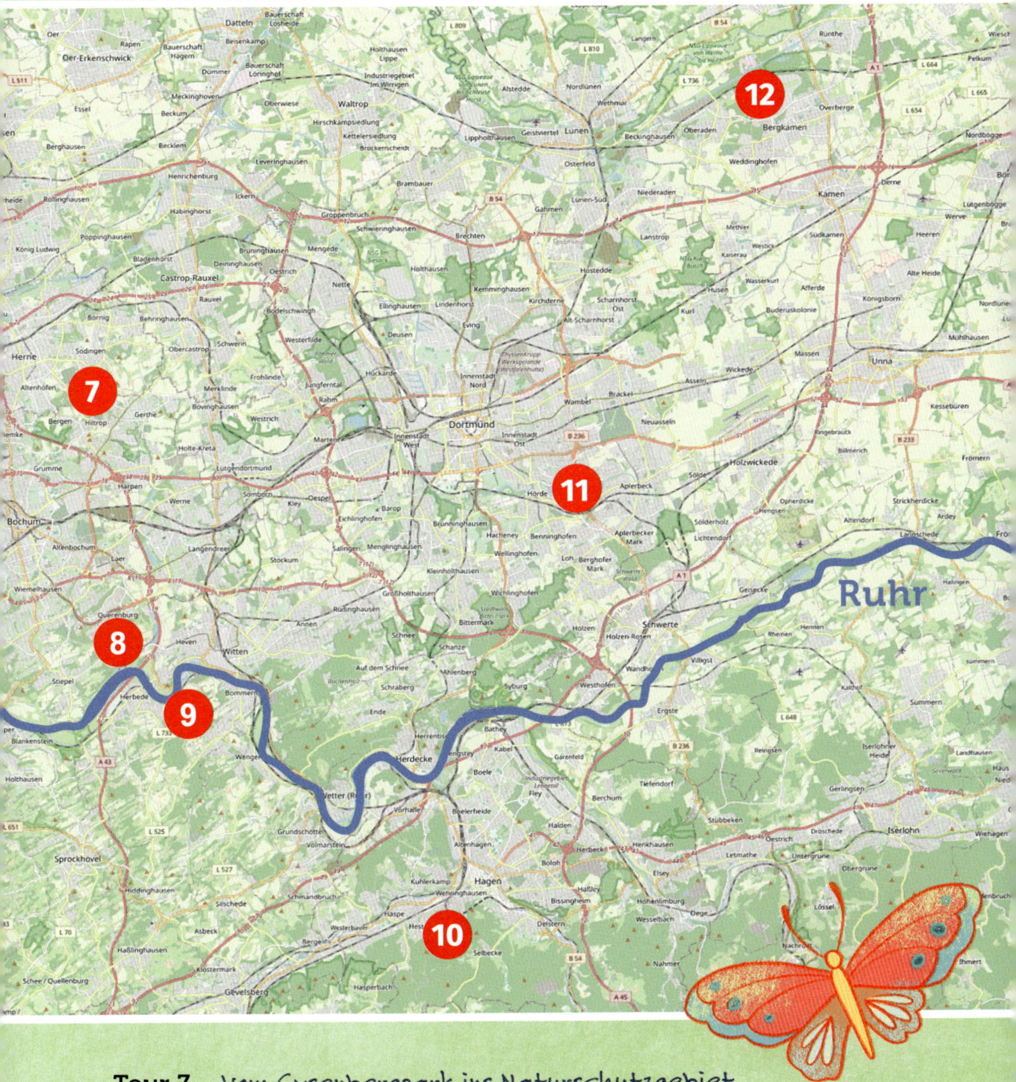

Tour 7 Vom Gysenbergpark ins Naturschutzgebiet

Tour 8 Den Pflanzen auf der Spur in Bochum

Tour 9 Bergbau-Wanderung im Muttental bei Witten

Tour 10 Drei-Türme-Wanderung durch den Stadtwald

Tour 11 Spielplatz-Wanderung um den Dortmunder Phoenix See

Tour 12 Nachtwandern auf der Halde Großes Holz in Bergkamen

Kleine Kinder haben ihre ganz eigene Meinung, wie ein perfekter Wandertag abläuft. Und vor allem: Sie haben ganz andere Ansprüche als ältere Familienmitglieder. All diese unterschiedlichen Bedürfnisse unter einen Hut zu bringen, kann herausfordernd sein. Damit der Familienausflug für alle Beteiligten entspannt und ein voller Erfolg wird, geben wir euch hier Tipps, wie ihr die Wanderung am besten vorbereitet, was unbedingt in den Rucksack gehört und wie ihr unterwegs für beste Stimmung sorgt!

Vor der Wanderung

Überlegt euch, welcher Ausflug heute der richtige für euch ist: Ist eine größere Runde mit Abenteuern in der Natur möglich? Oder wollt ihr es lieber entspannter angehen mit vielen Pausen und schönen Aussichten? Was können die Kinder realistisch schaffen? Wichtig ist auch: Wie wird das Wetter? Bei Hitze bietet sich eine Wanderung im Wald oder am Wasser an, denn Schatten und ein kleines Bad bieten willkommene Abkühlung. Lasst die Kinder mitbestimmen!

Die richtige Ausrüstung ist wichtig! Auch wenn ihr im flachen Land unterwegs seid: Feste, bequeme Schuhe, in denen ihr (alle!) unbeschadet längere Strecken laufen könnt, sind die wichtigste Voraussetzung für einen erfolgreichen Wandertag. Nichts ist blöder, als die Wanderung wegen Schmerzen, Blasen oder fußmüder Kinder abbrechen zu müssen. Außerdem solltet ihr auf wetterangepasste Kleidung achten: Lieber ein Teil zu viel als eines zu wenig mitnehmen, Zwiebellook ist hier das richtige Stichwort.

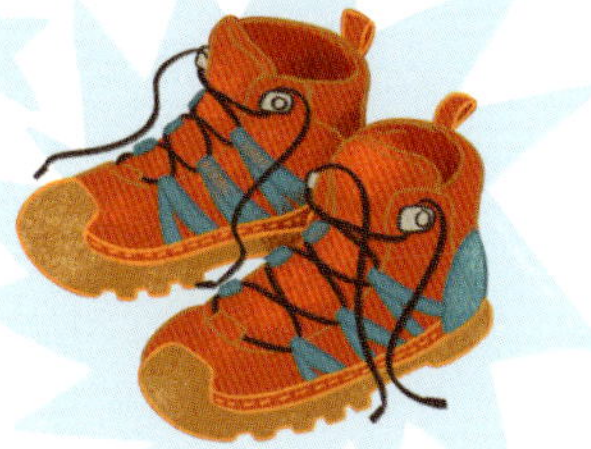

Und bei sonnigem Wetter: Eincremen und regelmäßiges Nachcremen mit geeigneter Sonnenmilch nicht vergessen!
Zur Ausrüstung gehört je nach Alter der mitwandernden Kinder auch das eine oder andere Fahrzeug: Ein Laufrad macht für kleine Kinder längere Strecken leichter. Ganz kleine Kinder können an der Wanderung gut in einer Kraxe teilnehmen – inklusive bester Aussicht auf dem Rücken von Mama oder Papa.
Ein wichtiger Punkt ist auch das Proviant: Hunger nervt. Durst noch mehr. Denkt daran, genügend Verpflegung einzupacken und Pausen einzuplanen, damit die Lust am Wandern nicht am knurrenden Magen scheitert. Ihr wisst, was eure Kinder am liebsten mögen! Geeignet ist natürlich immer Obst, gut zum Mitnehmen sind die klassischen belegten Brote, es darf natürlich auch mal ein Schokoriegel oder etwas Traubenzucker für den Energieschub zwischendurch sein. Ausreichend Wasser im Gepäck ist eine Grundvoraussetzung für jede Wanderung. Im Buch gibt es immer wieder Hinweise auf Orte, an denen sich ein gemütliches Picknick anbietet – natürlich mit schöner Aussicht. Ihr findet aber auch Tipps für besonders kinderfreundliche Restaurants oder Eiscafés mit dem besten Eis – denn das kann man nur schlecht als Proviant einpacken.

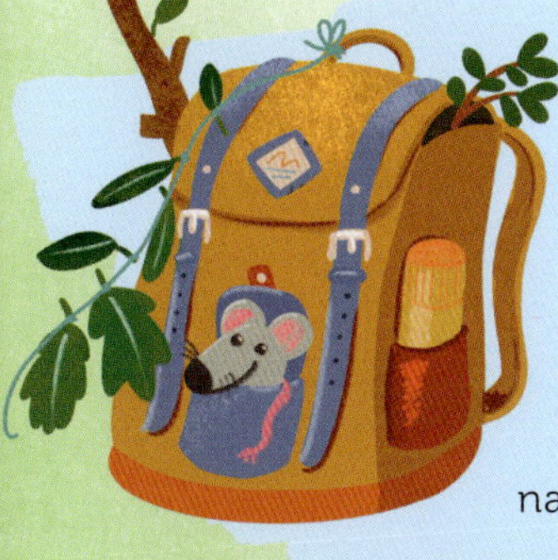

Tipp: Kinder haben Spaß daran, Verantwortung zu übernehmen und selbstständig zu sein. Packt ihnen einen eigenen kleinen Rucksack mit ihren Snacks, den sie unterwegs bei sich haben und sich selbst einteilen können. Der Rucksack sollte aber nicht zu schwer werden und kann bei Bedarf nachgefüllt werden.

Unterwegs

Je nachdem, wo ihr wandern wollt, seid ihr wahrscheinlich erst mal eine Weile mit dem Auto oder öffentlichen Verkehrsmitteln unterwegs: Schaut, dass die Fahrt für die Kinder schon spannend wird. Lasst sie rätseln, wohin es geht – und gebt entsprechende Hinweise. Was immer geht und Spaß macht, sind Klassiker wie „Ich sehe was, was du nicht siehst", Dinge am Wegesrand zählen (Wie viele Windkrafträder könnt ihr zählen? Wie viele Bushaltestellen sind es bis zum Ziel?) Hörspiele oder eine gute Playlist fürs Auto können auch für Unterhaltung sorgen.

Erst mal am Startpunkt angekommen, kann der Spaß beginnen. Damit dieser nicht zu schnell abhandenkommt, nehmt euch regelmäßig Zeit für kleine Pausen! Einfach mal an einem schönen Ort verweilen, auf einer Bank sitzen und in die Luft schauen, während die Kinder am Wegrand spannende Dinge entdecken und untersuchen, trägt zu einem entspannten Ausflug bei. Drängt nicht, wenn gerade Insekten untersucht oder Bäume erklettert werden! Lasst die Kinder mitbestimmen, wie die Wanderung gestaltet wird. Ein bisschen Abenteuer muss sein, sei es im Dickicht im Wald, auf dem Spielplatz oder am Seeufer. Und sollte doch mal Ratlosigkeit oder Unruhe aufkommen, gibt es im Buch auf Aktionsseiten Rätsel, Spiele und Infos zu den Wanderungen, die garantiert für Abwechslung sorgen.

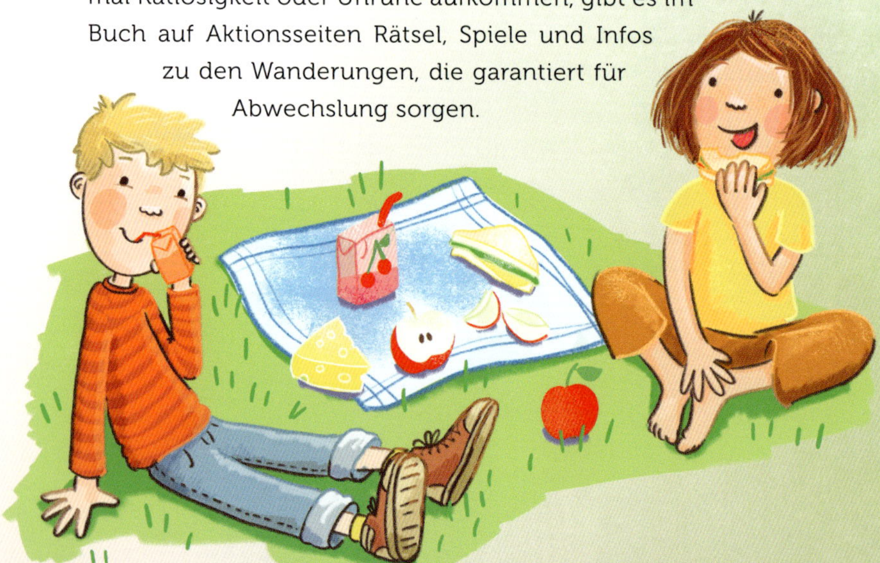

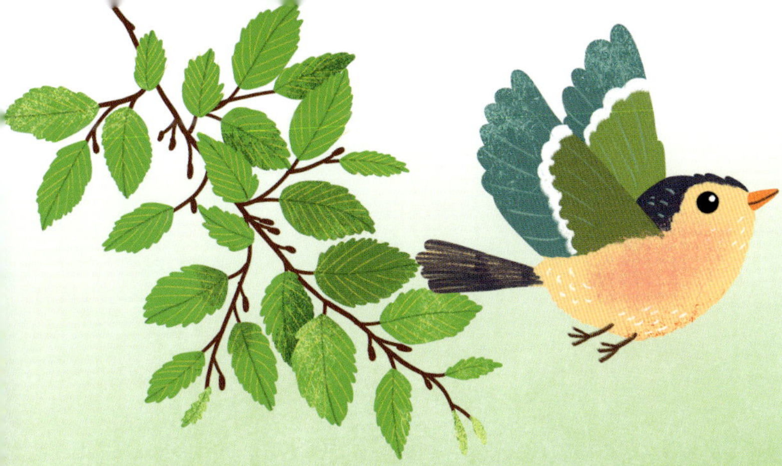

Nach der Wanderung ...

... ist vor der nächsten Wanderung. Sprecht darüber, was euch unterwegs besonders gut gefallen hat, wo ihr noch einmal hinmöchtet, was vielleicht beim nächsten Mal besser laufen könnte. Auf der Startseite jeder Wanderung gibt es Platz für eine kleine Logbuch-Notiz: Wann sind wir gewandert? Wie war das Wetter? Wie viel Sterne geben wir der Wanderung? Wenn die Kinder mitentscheiden dürfen und sehen, dass ihre Meinung gefragt ist, freuen sie sich umso mehr auf das nächste Abenteuer mit der ganzen Familie!
Erfahrungsgemäß werden draußen unterwegs gern die Hosen- und Jackentaschen mit schönen Steinen, besonderen Stöckchen, leeren Schneckenhäusern und anderen wertvollen Fundstücken gefüllt. Wie wäre es, wenn ihr eine Wander-Schatzkiste bastelt, in der die Kinder von jeder Wanderung die schönsten Stücke als Erinnerung aufbewahren können?
Im Umschlag des Buchs gibt es außerdem die Möglichkeit, euer liebstes Erinnerungsfoto einzukleben.

Viel Spaß beim Wandern und Entdecken wünschen euch
Katrin Pinetzki und der Klartext Verlag!

ACHTUNG, ACHTER-ALARM!

„Tiger & Turtle" und der Rhein in Duisburg

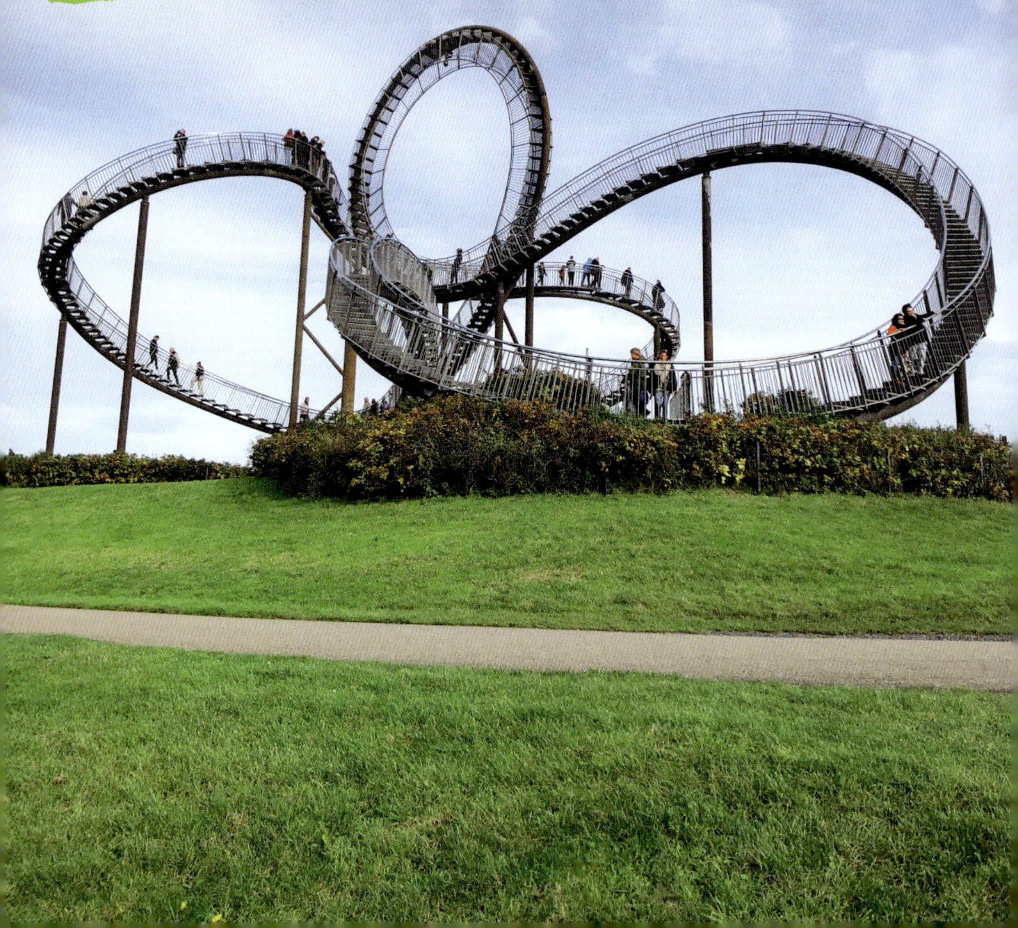

Gewandert am:

Das Wetter heute:

☐ ☐ ☐

Spaßfaktor: ☆☆☆☆☆

Auf dieser Wanderung begegnet uns tatsächlich eine Achterbahn. Anders als auf der Kirmes darf man sie sogar erklettern – nur der „Looping" ist gesperrt. „Tiger & Turtle" ist eine begehbare Stahlskulptur auf einer ehemaligen Halde, die eine grandiose Aussicht bietet. Von dort ist es nicht weit zum Rheinportal: Wo die Anger in den Rhein mündet, hat man einen direkten Blick auf den Strom und kann mit ein wenig Glück dabei zusehen, wie ein Schiff gelöscht wird. Wer mag, wandert noch weiter rund um den nahe gelegenen Biegerpark. Von oben betrachtet, ergibt die Strecke … natürlich eine Acht!

TOUR 1

1 bis 2 Std. | ca. 4 bis 7,5 km | 20 m

Start/Ziel: Haltestelle „Tiger & Turtle", Ehinger Straße

Anreise mit ÖPNV: Haltestelle „Tiger & Turtle" der Straßenbahnlinie 903 (fährt ab DU Hbf Richtung Hüttenheim/Mannesmann Tor 2)

Anreise mit Pkw: Ehinger Straße, 47249 Duisburg (kostenlos)

Wegbeschaffenheit: Befestigte Wege

Wegbeschreibung: Direkt an der Haltestelle lotsen uns bereits die ersten Schilder in Richtung „Tiger & Turtle". Wir starten auf einem asphaltierten Weg, und schon bald kann man rechts zwischen den Bäumen und Büschen das Highlight der Wanderung ausmachen – die Achterbahn-Skulptur „Tiger & Turtle". Die erste Gelegenheit, rechts zu gehen, ist eine Abkürzung dorthin – aber Vorsicht, es gibt am Ende ein steiles Stück auf Kopfsteinpflaster! So folgen wir lieber dem Weg, der automatisch hoch auf den von dem Künstler-Duo so benannten „Magic Mountain" führt. Oben angekommen kann man auf der Skulptur noch einige Höhenmeter machen – die Achterbahn hat insgesamt 349 Stufen, die nach links und rechts bis zum Looping führen.

Am Weg

TIGER & TURTLE

Die 20 Meter hohe Stahlskulptur steht auf dem „Magic Mountain", dem magischen Berg – einer Halde, die eine stillgelegte Zinkhütte hinterlassen hat. Viele Künstler aus der ganzen Welt haben im Jahr 2009 für einen Wettbewerb Ideen entwickelt, was auf dem Hügel stehen könnte. Gewonnen haben Heike Mutter und Ulrich Genth. Sie überzeugten die Duisburger mit einer Achterbahn, die man (bis auf den Looping) begehen kann. Der Name „Tiger & Turtle" heißt übersetzt „Tiger und Schildkröte": Hier trifft Geschwindigkeit auf Langsamkeit. Die spektakuläre Landmarke geht zurück auf das Kulturhauptstadtjahr RUHR.2010 – dabei wurde sie erst Ende 2011 eröffnet. Die Skulptur ist Tag und Nacht frei zugänglich und auch abends oder nachts ein Erlebnis – denn dann leuchten hunderte in die Geländer integrierte LED-Lichter und sorgen für eine magische Illumination.

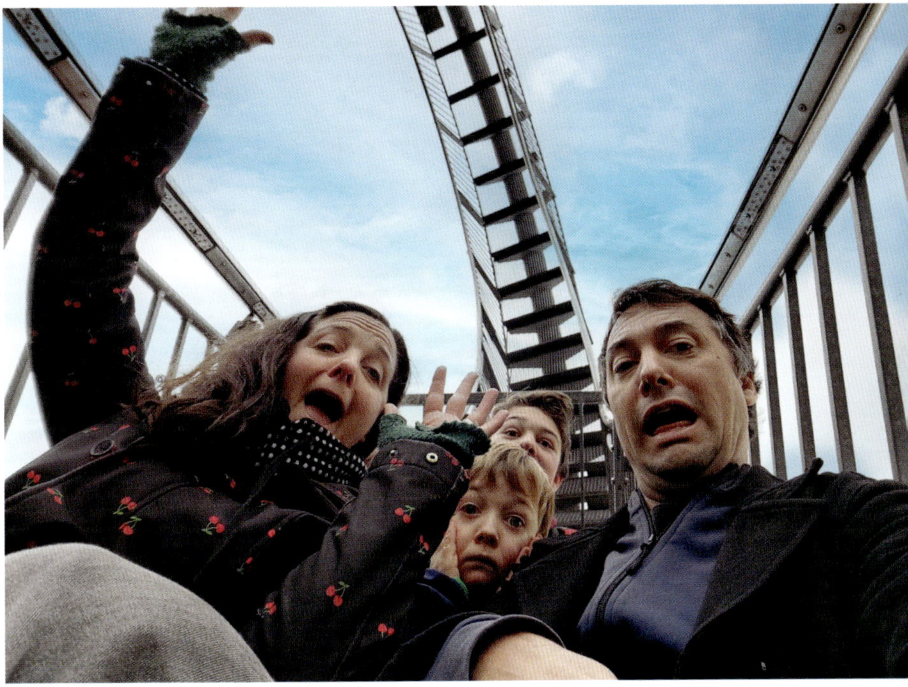

Achterbahn-Spaß auf der Skulptur „Tiger & Turtle"

Auf dem gleichen Weg geht es auch wieder zurück – die Abkürzung links liegen lassen und rechts dem gepflasterten Weg folgen. Wir landen am Fuße des magischen Hügels an einer Wege-Kreuzung mit einer Wiese, auf der dutzende Bäume in Reihen gepflanzt sind, und sehen oben über den Baumwipfeln wieder die Achterbahn hervorlugen. Dieser Punkt ist die Mitte der zu erwandernden Acht – von hier aus geht es entweder entlang der Anger an den Rhein, wo man Schiffe und mit etwas Glück auch das Löschen von Containerschiffen aus nächster Nähe beobachten kann. In die andere Richtung geht es zum Biegelpark mit einem Spielplatz.

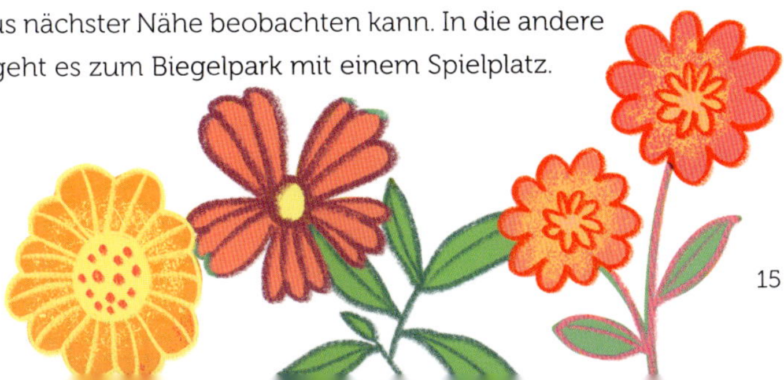

Am Weg

DUISBURGER HAFEN/RHEIN-PORTAL

Duisburg hat nicht bloß einen Hafen – sondern mehr als 20 Hafenbecken, die sich über die ganze Stadt erstrecken. Insgesamt bilden sie den größten Binnenhafen Europas und machen Duisburg zu einer europaweit bedeutenden Logistik-Drehscheibe. Von hier aus werden also Waren in alle Welt verteilt. Das liegt daran, dass sich in Duisburg mit Rhein und Ruhr zwei wichtige Flüsse treffen, dazu kommt noch der Rhein-Herne-Kanal. Es liegt aber auch an der Konkurrenz zwischen dem früher selbstständigen Ort Ruhrort, wo der Hafen einst entstand, und Duisburg. Im 19. Jahrhundert konkurrierten die Städte als Hafen-Standorte, bis sie sich 1905 zusammenschlossen.
Am Rheinportal an der Angermündung bekommt man einen Eindruck vom Verkehr, der auf dem Rhein herrscht. Die Aussichtsplattform liegt direkt am logport II, einem Logistik-Standort, der den Weitertransport von Containern über die nahe gelegenen Schienen, die Straße oder das Wasser ermöglicht.

Uns zieht es zuerst zum Rhein. Dazu lassen wir den kleinen Park mit den in Reihe gepflanzten Bäumen links liegen und folgen dem Schild Richtung Gaststätte/WC bzw. Rheinportal. An der ersten Abzweigung halten wir uns links Richtung Gaststätte und folgen dann der Anger, die links neben uns zum Rhein fließt. Kühltürme und Hochöfen im Blick, erreichen wir nach etwa einem Kilometer die Angermündung. Das dort errichtete „Rheinportal" ist ein hoch gelegener Steg, auf dem wir den beeindruckenden Frachtschiff-Verkehr beobachten. Rechterhand steht ein Container-Verladekran, der die Containerfracht wie Legosteine von den Schiffen hebt und zu den nahen Schienen transportiert. Zurück geht es auf dem gleichen Weg.

Wer die Wanderung hier beenden will, nimmt direkt hinter der Unterführung, also der Brücke, links die Treppe hoch und biegt dann rechts ab. Nicht an der Straße entlang, sondern parallel dazu und um eine Lagerhalle herum gelangt man wieder zur Straßenbahn bzw. zur Ehinger Straße.

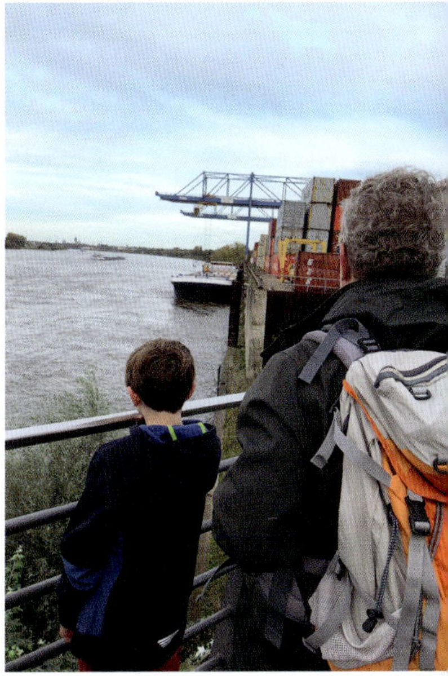

Blick auf den Rhein am Rheinportal

Wir wollen weiter zum Biegerpark und nehmen zurück an der Kreuzung den mittleren, nicht ausgeschilderten Schotterweg, der diagonal über die Wiese führt, überqueren die Kaiserswerther Straße und betreten dann das Landschaftsschutzgebiet. Rechts liegt ein Ententeich. Es geht weiter über eine kleine Brücke und über die Angerbacher Straße. Auf der anderen Seite angekommen biegen wir etwa in Höhe der Glascontainer links ein in den Biegelpark. Auf der rechten Seite liegt ein Hundeübungsplatz, links fließt (manchmal) der Angerbach – mitunter ist auch nur ein Graben zu sehen. Wir gehen geradeaus und treffen auf diesem äußeren Weg durch den Park rechts auf die Kleingartenanlage Biegerhof – und dann auf den Spielplatz, der eine Wasserbaustelle und einen schönen Kleinkinder-Buddel-Bereich sowie kleine Schaukeln hat. Die Größeren können sich beim Klettern austoben, im Sommer hat der Biergarten direkt am Spielplatz geöffnet. Auch eine Toilette gibt es hier. Einige Schritte weiter können sich auch die Erwachsenen bewegen: Ein Mehrgenerationenspielplatz lädt zu einigen Fitness-Übungen ein – oder aber an den Picknicktisch.

Weiter geht es über den gepflasterten Weg über die Wiese und am Ende rechts herum. Wir laufen direkt auf das Gelände des Duisburger Reitvereins zu und biegen dort rechts ab. Wir passieren einen Schulkomplex und landen wieder am Hundesportplatz – dort geht es links ab und über Angerbacher und Kaiserswerther Straße wieder zurück in den Angerpark.

Das begehbare Kunstwerk „Tiger & Turtle" ist ganz schön verdreht. Könnt ihr die Linien auf der rechten Seite nachspuren, ohne über den Rand zu malen?

Auf der „Achterbahn" kann man tolle Selfies machen – vielleicht wollt ihr unser Achterbahn-Action-Bild nachstellen oder habt eine eigene Idee für ein lustiges oder besonders schönes Foto? Hier könnt ihr es einkleben:

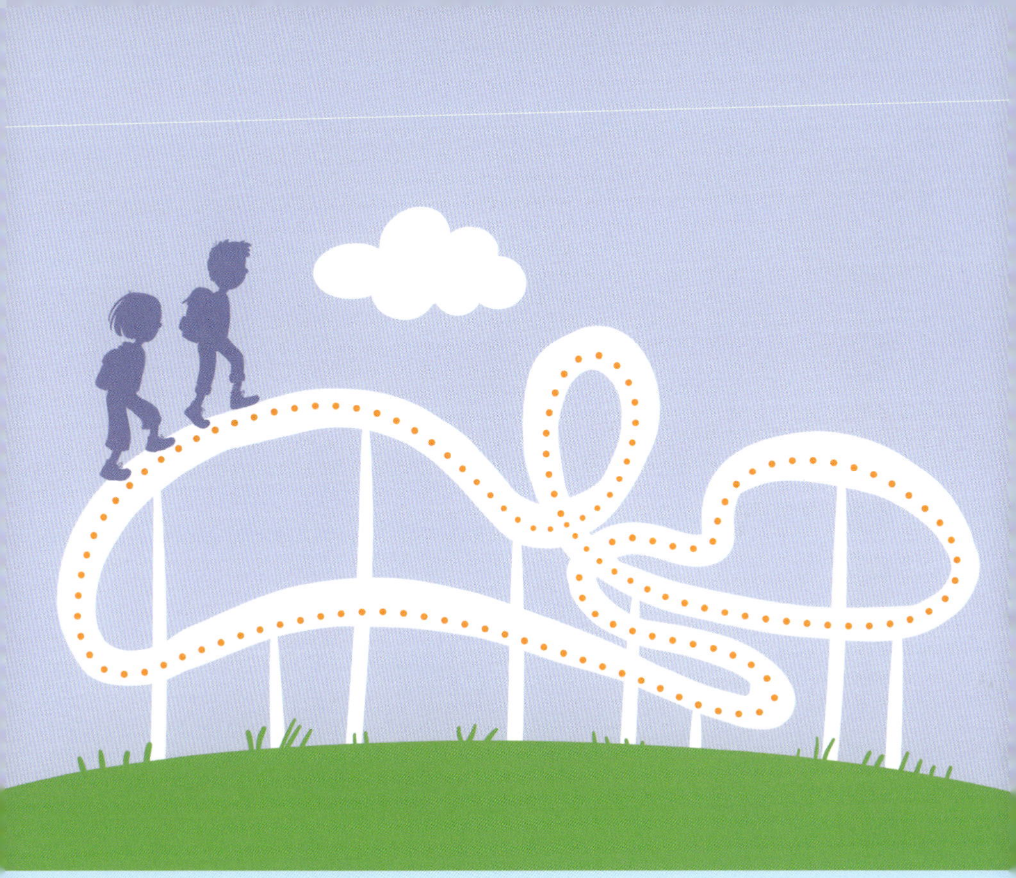

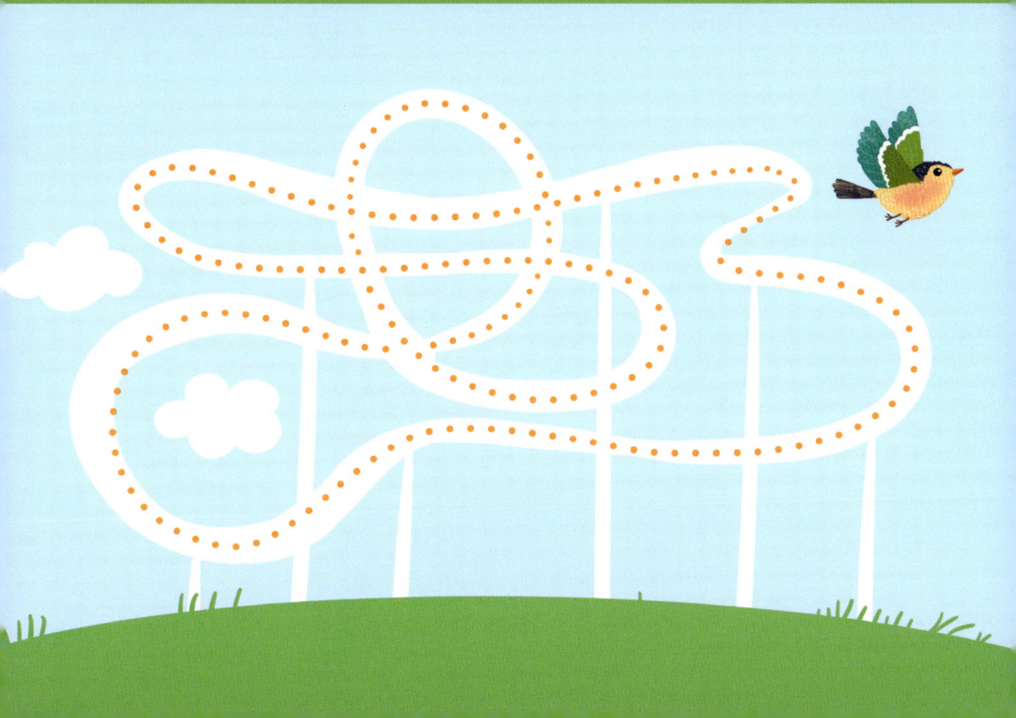

TOUR 1

Startpunkt

Zielpunkt

Parkplatz

Haltestelle

Spiel & Spaß

Gastronomie

Aussichtspunkt

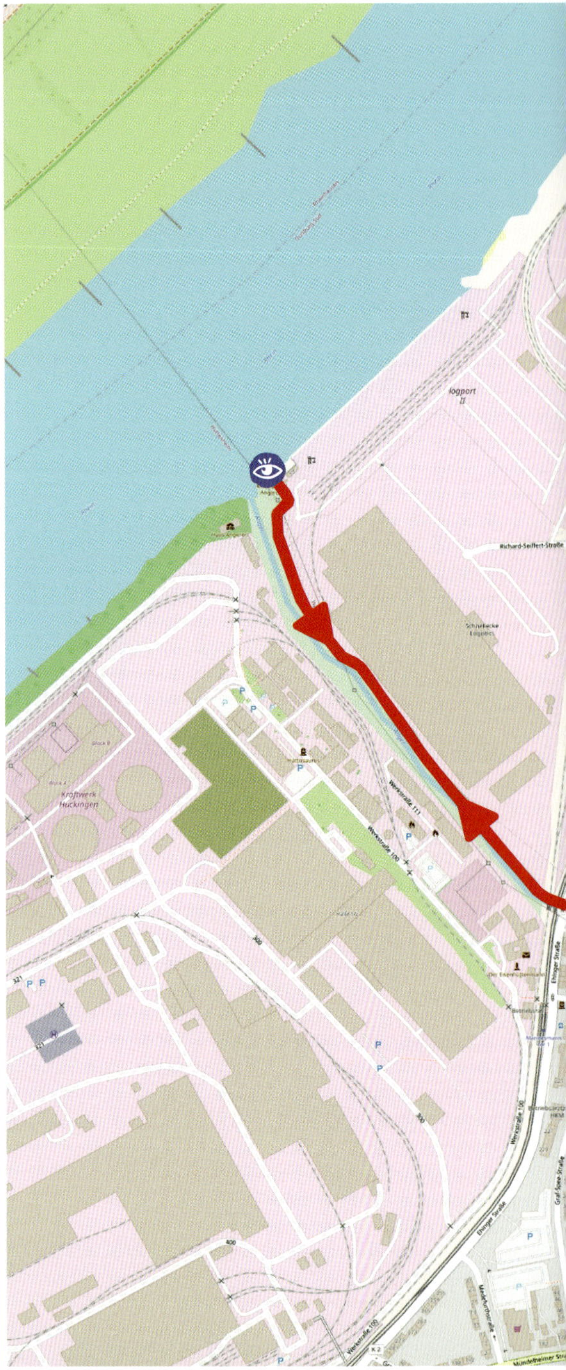

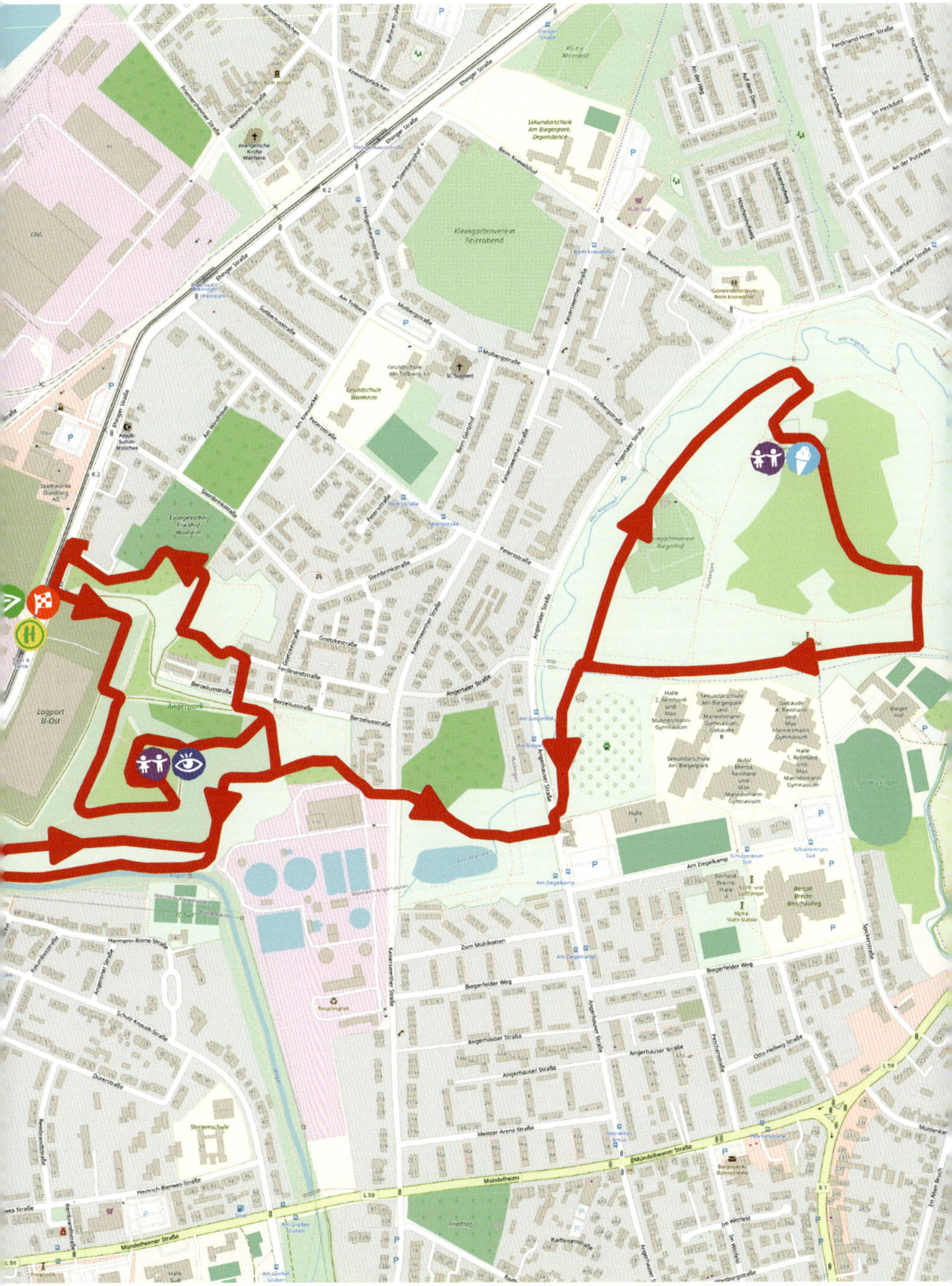
Kleingartenverein Feierabend
Grundschule Wanheim
Angerpark
Logport II-Ost
Mündelheimer Straße

VON DER AMEISE BIS ZUM ZACKELSCHAF

Tierwanderung in Oberhausen

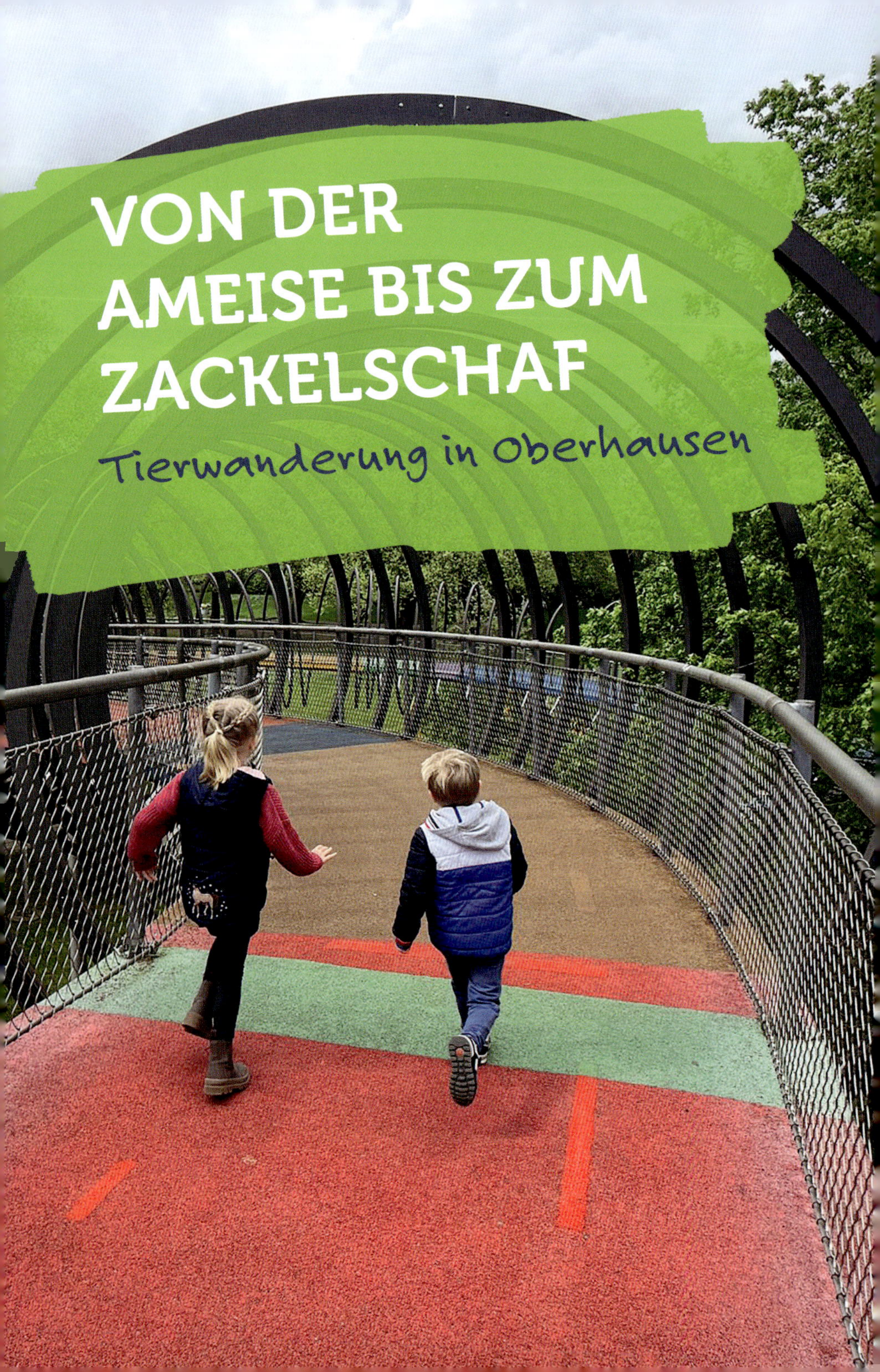

Gewandert am:

Das Wetter heute:

☐ ☐ ☐

Spaßfaktor: ☆☆☆☆☆

Der Kaisergarten in Oberhausen lohnt sich bei jedem Wetter, sei es für einen Parkspaziergang oder einen Besuch im Museum Ludwiggalerie. Vor allem aber kann man im Kaisergarten kostenlos vielen verschiedenen Tierarten begegnen, sie sogar füttern und streicheln. Die Erweiterung des Spaziergangs führt am Kanal und am Gasometer vorbei bis zur Neuen Mitte Oberhausen. Wir nehmen am Ende mit nach Hause: die Borste eines Stachelschweins, tolle Tierfotos und viele Ideen für die nächsten Ausflüge ...

TOUR 2

2 Std. | ca. 3 bis 7 km | 20 m

Start/Ziel: Schloss Oberhausen

Anreise mit ÖPNV: Haltestelle „Schloss Oberhausen" der Buslinien 956 oder 966 (ab Hbf Oberhausen 8 Minuten Fahrt)

Anreise mit Pkw: Parkplatz Am Kaisergarten (kostenpflichtig), Konrad-Adenauer-Allee 59, 46047 Oberhausen

Wegbeschaffenheit: Erdboden, Asphalt, Weg am Kanal kann nach Regenphasen matschig sein

Wegbeschreibung: Los geht es an der Parkseite von Schloss Oberhausen, in dem heute ein Museum, die Ludwiggalerie Schloss Oberhausen, untergebracht ist. Häufig gibt es dort Ausstellungen, die Kindern Spaß machen! Schloss Oberhausen wurde Anfang des 19. Jahrhunderts gebaut und ist damit sogar älter als die Stadt selbst.

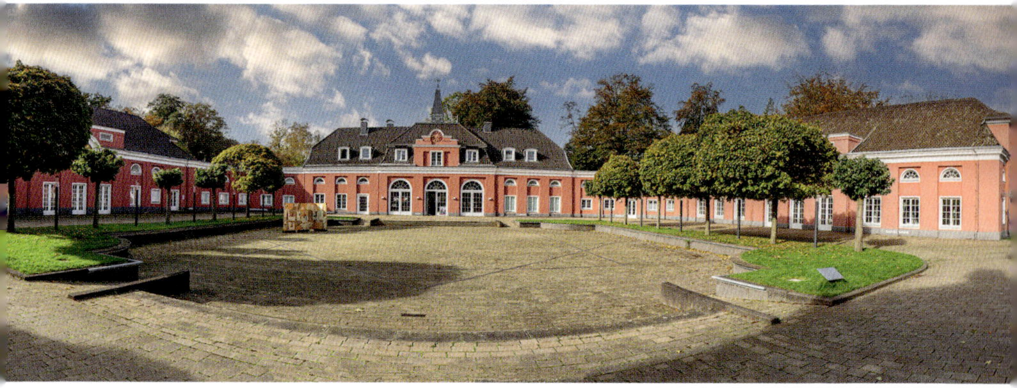

Schloss Oberhausen ist heute ein Museum.

Laut Plan geht es zuerst in den Tierpark – doch die bunte, spielerisch geschwungene Brücke „Slinky Springs to Fame" über den Rhein-Herne-Kanal, die eigentlich die letzte Station der Tour sein sollte, zieht uns magnetisch an, so dass wir gleich einmal hinüber und wieder zurück laufen.

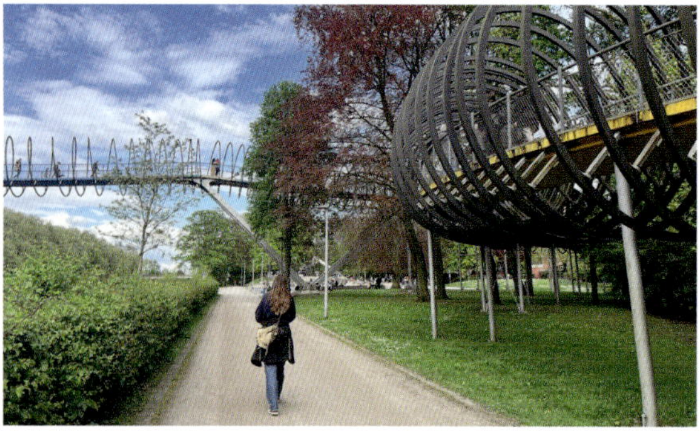

Die Slinky-Brücke von unten

Am Weg

SLINKY SPRINGS TO FAME

Diese Fußgängerbrücke zwischen Kaisergarten und der Emscherinsel ist ein Kunstwerk. Tobias Rehberger ließ sich bei der Gestaltung von einem Spielzeug inspirieren - der Metallspirale „Slinky", die Treppen herunterlaufen kann. Die Brückenskulptur „Slinky Springs To Fame" („Slinky springt zum Ruhm") besteht aus 496 Aluminiumbögen und ist 406 Meter lang. Ganz besonders ist auch der weiche Belag in 16 Farbtönen. Nachts wird „Slinky" angestrahlt – dann sieht die Brücke noch magischer aus. Die Leuchten verstecken sich im Handlauf und unten in den Alu-Spiralen.

Auch der Spielplatz direkt am Schloss verlockt zum längeren Aufenthalt. Wir reißen uns aber los und nehmen den Weg nach links, der an der Alten Emscher entlang ins Tiergehege führt.
Der Eintritt ist frei, um eine Spende wird jedoch gebeten. Wir folgen dem Rundweg, in dessen Mitte die Alte Emscher fließt, und begegnen heimischen Wildtieren ebenso wie selten gewordenen Haus- und Nutztieren. Wir staunen über die elegant gefärbten Stacheln des Stachelschweins, bewundern die Korkenzieher-Hörner des ungarischen Zackelschafs, entdecken von der Brücke aus die Wasserschildkröten-Kolonie in der Alten Emscher, beobachten

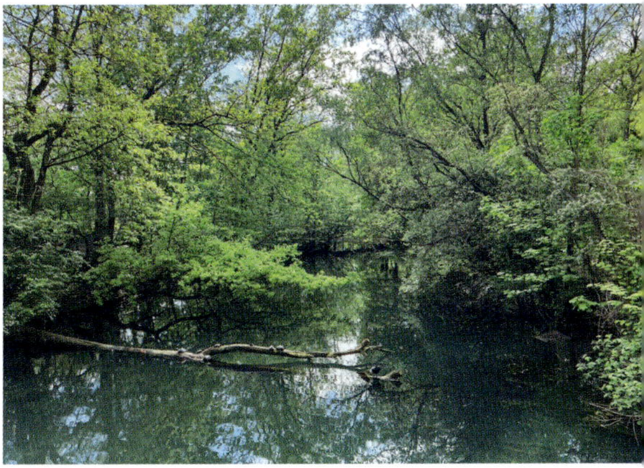

Schildkröten-Kolonie in der Alten Emscher

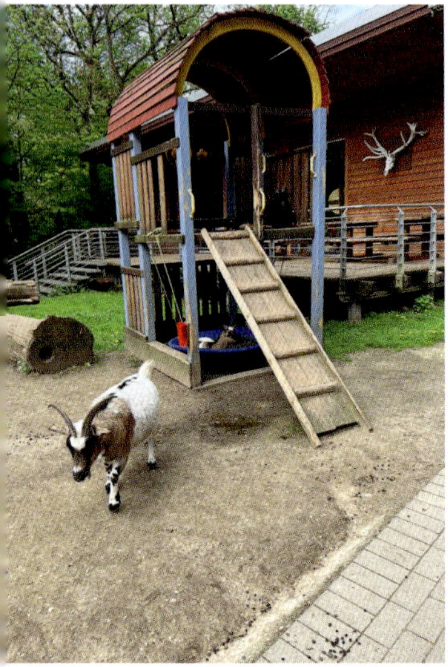

die plüschigen Seidenhühner und streicheln Schafe im Streichelgehege. Auch Waschbären, Luchse und Nutrias, Hirsche, Wildpferde oder Zwergotter leben inmitten des wunderschönen alten Baumbestands auf insgesamt vier Hektar. Mit Futter aus dem Futterautomaten darf man einige Tiere auch füttern.

Wir verlassen das Tiergehege nicht am Hauptausgang, sondern am gegenüberliegenden Ausgang in der Nähe der Wildschweine. Zurück im Kaisergarten umrunden wir nun einmal den Teich und kommen dabei an einem weiteren Spielplatz vorbei, dessen Schaukeln und Klettermöglichkeiten für kleinere Kinder gedacht sind.

Am Ende der Runde überqueren wir wieder die Alte Emscher und gehen hinter der Brücke rechts an der Außengrenze des Tiergeheges entlang. Auch hier im Kaisergarten gibt es viele Lebensräume für Tiere, die man auf den ersten Blick nicht sieht – Spinnen, Insekten, Vögel und auch kleine Säugetiere brauchen zum Beispiel hohle Baumstämme und verrottende Bäume. Auf solches Totholz stoßen wir am Wegesrand, eine Tafel informiert darüber, wer hier krabbelt und sich in den Nischen versteckt.

An der ersten Gelegenheit geht es rechts in Richtung Kanal, vorbei an dekorativen blau-weißen Kugeln. Am Kanal gehen wir nun rechts und laufen immer geradeaus – unter der Konrad-Adenauer-Brücke her, direkt am Gasometer und dem danebengelegenen Klettergarten vorbei. Am Gasometer gilt es, zunächst 17 hinunterführende Stufen zu überwinden, dann geht es unter drei Brücken her und die Treppe anschließend wieder hinauf.

Wir bewegen uns nun vom Kanal weg und auf einem Fußgänger- und Radweg geradeaus in Richtung Centro. Das linkerhand liegende Gelände war einst ein Asiatischer Garten. Wir umrunden das Gelände, indem wir am kleinen Kanal links abbiegen. Gegenüber dem

Am Weg

GASOMETER

Der Gasometer war 1929, als er gebaut wurde, der größte Gasbehälter Europas. Er speicherte das Gichtgas, das in den Eisenhütten der Gutehoffnungshütte erzeugt wurde. In Betrieb war der Gasometer bis 1988, fünf Jahre später wurde er zu einer spektakulären Ausstellungshalle umgebaut. Hier werden immer wieder spannende und für Familien interessante Ausstellungen gezeigt. Spektakulär sind auch die Fahrt mit dem Panoramaaufzug nach oben und der Rundum-Blick aus 118 Metern Höhe aufs Ruhrgebiet. Man kann auch zu Fuß hoch laufen – es sind 592 Stufen. Weitere Informationen gibt es unter www.gasometer.de

Kanal befinden sich die Promenade und die Außengastronomie des riesigen Einkaufscenters. Tiere gibt es auch hier: Wir entdecken auf der Brücke über dem Kanal, der sich in den ehemaligen Asiatischen Garten schlängelt, einige Kois und viele Enten, die sich hier wohl fühlen. Und eine riesige Giraffe aus Lego-Steinen, die vor dem Legoland die Kinder anlockt.
Wir gehen jedoch dort, wo der Kanal endet, rechts und sofort wieder links unter einer Eisenbahnbrücke her. Rechts liegt das Aquarium „Sea Life", wir halten uns jedoch links und gehen über die Tausendfüßlerbrücke. Sie führt über den Rhein-Herne-Kanal, die Emscher und die Autobahn und erhielt ihren Namen wegen der vielen Metallstützen, die die 230 Meter lange Konstruktion tragen. Wir gehen die Brücke nicht bis zum Ende, sondern nutzen die Gelegenheit, vorher hinunterzulaufen, um auf der anderen Kanalseite zurück in Richtung Kaisergarten zu gelangen.
Kurz hinter der Konrad-Adenauer-Brücke laufen wir über die „Slinky Springs To Fame"-Brücke zurück zum Ausgangspunkt. Auf dieser Kanalseite befindet sich links von der Brücke auch noch ein weiterer Spielplatz mit Wasser- und Matschanlage – ein perfekter Abschluss für die Wanderung!

TIERBEGEGNUNGEN

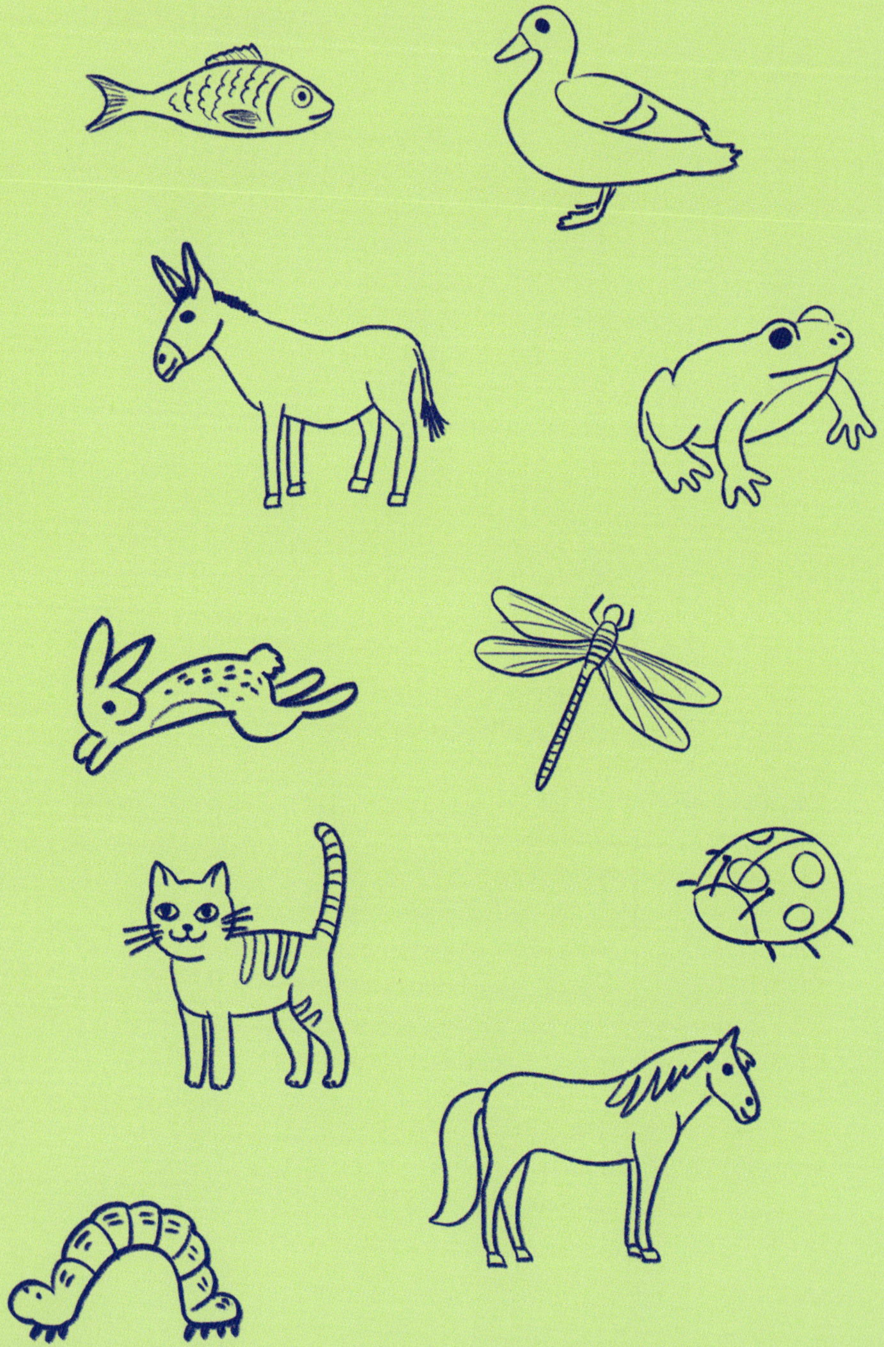

Bei eurer Wanderung in Oberhausen seid ihr einigen Tieren begegnet. Findet ihr die links abgebildeten Tiere im Quadrat auf der rechten Seite?

Welche davon habt ihr heute unterwegs gesehen?

Welches Tier war das größte, welches das kleinste Tier, das ihr heute gesehen habt?

L	P	F	R	O	S	C	H	A
I	F	I	S	C	H	K	X	J
N	E	S	E	L	P	A	U	T
P	R	C	T	I	S	E	S	H
Q	D	H	A	B	Y	F	J	E
K	A	T	Z	E	M	E	M	N
O	U	L	N	L	Z	R	I	T
R	P	F	E	L	F	A	E	E
R	A	U	P	E	K	T	Z	O

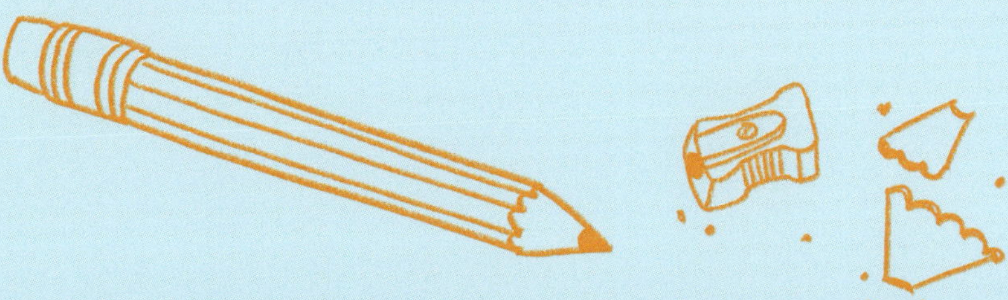

TOUR 2

- Startpunkt
- Zielpunkt
- Parkplatz
- Haltestelle
- Spiel & Spaß
- Gastronomie
- Burgen/ Schlösser/ Historische Orte

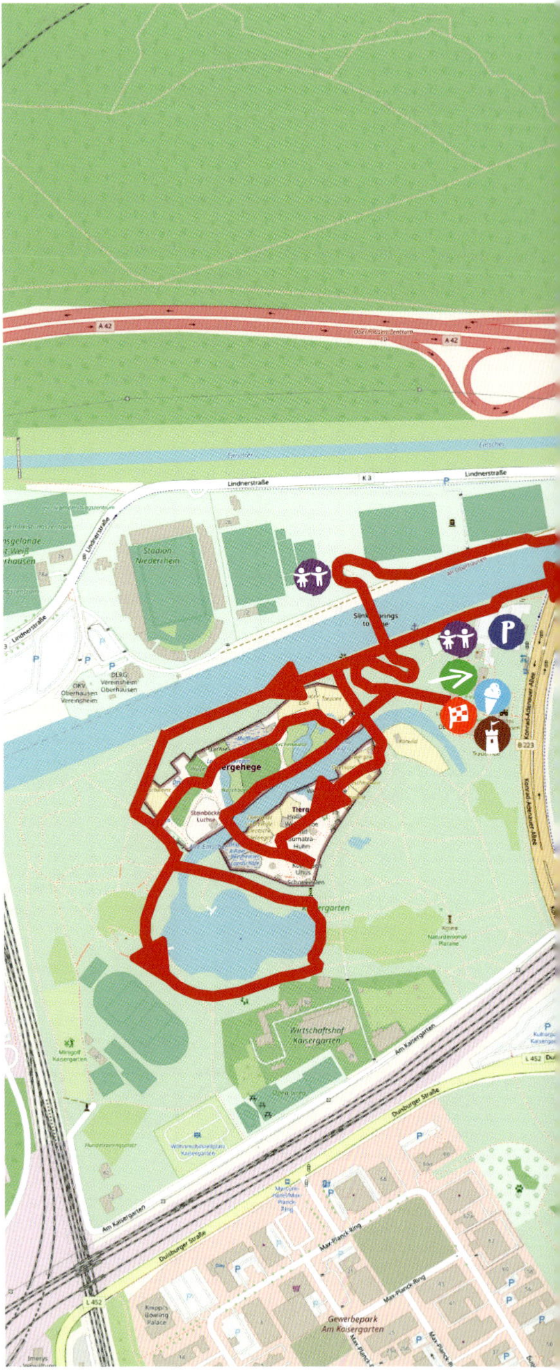

Tierwanderung in Oberhausen

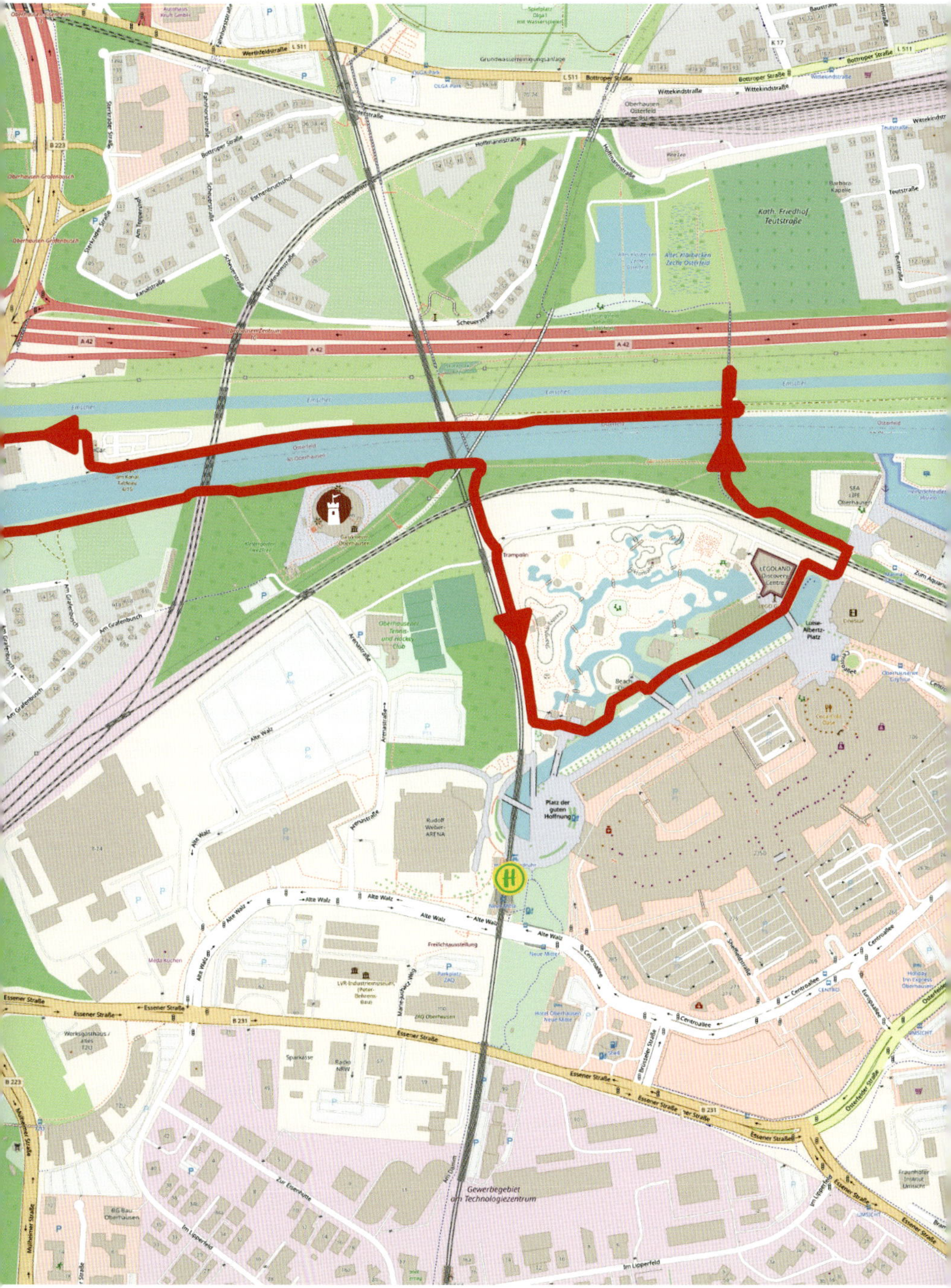

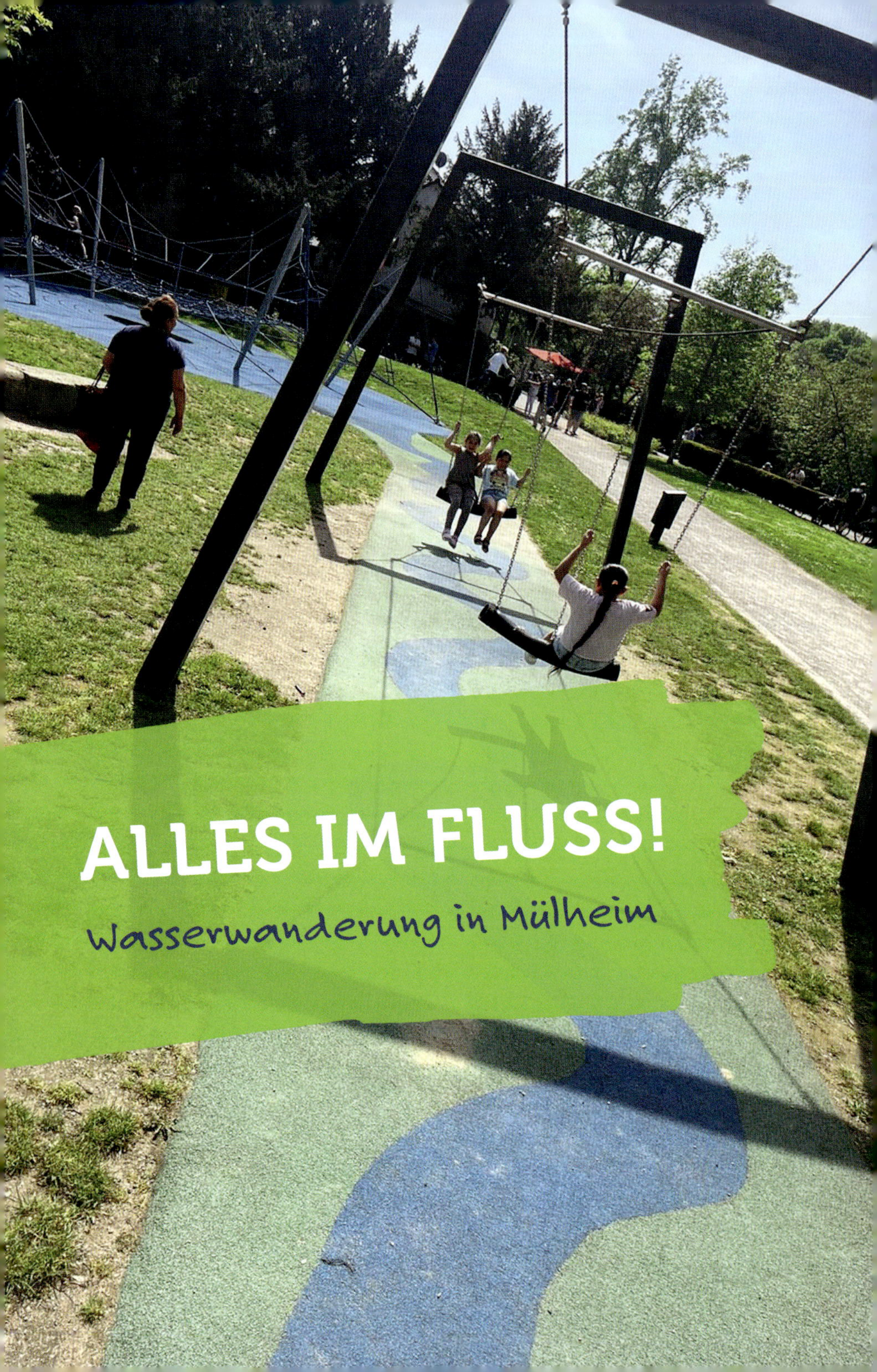

ALLES IM FLUSS!

Wasserwanderung in Mülheim

Gewandert am:

Das Wetter heute:

☐ ☐ ☐

Spaßfaktor: ☆☆☆☆☆

Bei dieser Wanderung erleben wir das Element Wasser von vielen Seiten: als Verkehrsweg für Schiffe, Boote oder Kanus, als Energielieferant, als Lebensraum für Pflanzen, Fische und Vögel, als kühlende Erfrischung für heiße Füße an Sommertagen, aber auch als magisches Material, das auf dem Spielplatz Sand in Baumaterial oder herrliche Matsche verwandelt. Der Weg beginnt direkt in der Innenstadt und führt entlang der Ruhr und seiner Arme und Kanäle vorbei an einer Reihe Mülheimer Sehenswürdigkeiten. Er bietet Stille und Naturerlebnis, aber auch Spaß und Spiel sowie Ausflüge in die Geschichte.

TOUR 3

3 Std. | ca. 6,5 bis 9,7 km | 30 m

Start/Ziel: U-Bahn Stadtmitte

Anreise mit ÖPNV: U-Bahn-Station Stadtmitte der Tram-Linien 102, 104, 112, 901

Anreise mit Pkw: z.B. Parkplatz Delle 43, 45468 Mülheim (kostenpflichtig)

Wegbeschaffenheit: Asphalt, befestigte Wege

Wegbeschreibung: An der U-Bahn-Haltestelle „Stadtmitte" fällt sofort das 1911 im historistischen Stil erbaute Mülheimer Rathaus auf. Dieses lassen wir hinter uns, überqueren die große Kreuzung und steuern einen Kopfsteinpflaster-Platz an. Wir überqueren ihn und folgen dabei dem Schild Richtung Wasserbahnhof. Hinter dem Platz biegen wir rechts auf die Straße Delle. Entlang dieser Straße geht es geradeaus bis zur Ruhr.

Wir gehen am Ufer entlang nach links in Richtung Wasserbahnhof und passieren dabei den Spielplatz „Auf dem Dudel", bei dessen Gestaltung sich die Planer von der Nähe zum Wasser haben inspirieren lassen. Das Motto lautet „Fischerdorf" – es gibt Fischernetze zum Toben und Klettern oder künstlerisch gestaltete Riesenschildkröten, auf deren Panzer man sitzen kann. Eine Besonderheit ist eine Schaukel für bis zu vier Personen, bei der man sich gegenübersitzt und gegenseitig anschaukeln kann.

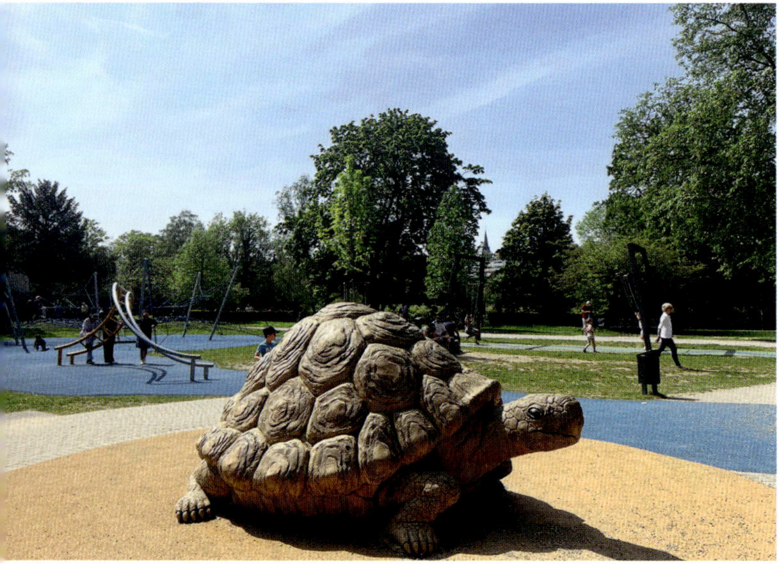

Zum Fischerdorf-Spielplatz gehört auch eine Riesen-Schildkröte zum Klettern.

Am Weg

RUHRSCHLEUSE

Eine Schleuse sorgt dafür, dass Schiffe auf einem Fluss weiterfahren können, auch wenn es zu wenig Wasser oder einen Höhenunterschied gibt. Die Schleuse hat zwei Tore (Wehre), von denen eines immer geschlossen ist. Dazwischen befindet sich die Schleusenkammer. Dort hinein fährt das Schiff, dann schließt das Tor, und es wird so viel Wasser in die Schleusenkammer geleitet oder hinausgelassen, bis der Wasserstand so hoch ist wie auf der anderen Seite. Dann öffnet sich das andere Tor, und das Schiff kann weiterfahren. Die Ruhrschleuse auf der Schleuseninsel überwindet fast fünf Meter. Sie wurde schon vor fast 250 Jahren gebaut, vor allem für Schiffe, die Kohle transportieren. Heute sind es hauptsächlich Ausflugsschiffe, die hier schleusen.

Wir wechseln an der ersten Gelegenheit rechts auf die Schleuseninsel. Dort befindet sich der Wasserbahnhof, Hauptanlegeort der „Weißen Flotte". Von hier aus starten die Boote in Richtung Essen-Kettwig oder zu Tages-Kreuzfahrten. Im „Haus Ruhrnatur" an der Spitze der Schleuseninsel erfährt man mehr über Lebewesen in der Ruhr und Wasser als Energiequelle.

Wir gehen auf der rechten Seite am Wasserkraftwerk Kahlenberg, einem Bau aus Ruhrsandstein, über die Brücke. Auf der Rückseite des Kraftwerks kann man die Rechenanlage in Aktion beobachten. Wir folgen dem Schleusenkanal auf asphaltiertem Weg immer geradeaus und laufen schließlich dort, wo Schleusenkanal und Ruhr sich wieder vereinigen, über eine blaue, langgezogene Brücke, das Kahlenbergwehr. Diese Brücke ist das Ende der Schleuse, und sie führt uns mitten ins Naturschutzgebiet Saarn-Mendener Ruhraue.

Am Ende der Brücke gehen wir rechts auf eine Holzbrücke. Hinter der zweiten Holzbrücke biegen wir links ab und befinden uns hinter einem Sportplatz. An der Gabelung halten wir uns rechts und wechseln an der Kreuzung links auf die Mintarder Straße. Dort stoßen wir

Am Weg

WASSERKRAFTWERK KAHLENBERG MIT FISCHTREPPE UND „MÜLLABFUHR“

In den 1920er-Jahren entstand das Wasserkraftwerk Kahlenberg, das heute unter Denkmalschutz steht. Bis heute versorgt es jährlich 5000 Haushalte mit Strom. Sehen kann man davon nicht viel: Die Turbinen, die die Kraft des Wassers in Energie verwandeln, befinden sich unter dem Gebäude.

Und noch mehr Geheimnisse gibt es da unten – einen Fahrstuhl für Fische! Denn die kommen am Kraftwerk nicht vorbei. Das müssen sie aber, um flussaufwärts ihre Eier abzulegen. Also wurde ein Durchgang geschaffen, der Fischen und sogar kriechenden Lebewesen den Aufstieg ermöglicht. Das funktioniert auch, wenn das Wasser einmal nicht so hoch steht: Eine ungenutzte Turbinenkammer unter dem Kraftwerk wurde zur Fisch-Schleuse. Die 20 Meter lange, künstlich beleuchtete Kammer wird abgeschottet und geflutet. Dann öffnet sich das gegenüberliegende Rolltor, und die Tiere werden wieder herausgespült.

Auf der Rückseite des Kraftwerks befindet sich noch eine Rechenanlage. Die kann nicht rechnen – dafür durchkämmt sie mit ihren fünf riesigen Armen (Rechen) immer wieder das Wasser. Die Rechen befördern Laub und Unrat auf Laufbänder, die in einen Container münden. Diese Müllabfuhr verhindert, dass das Kraftwerk beschädigt wird.

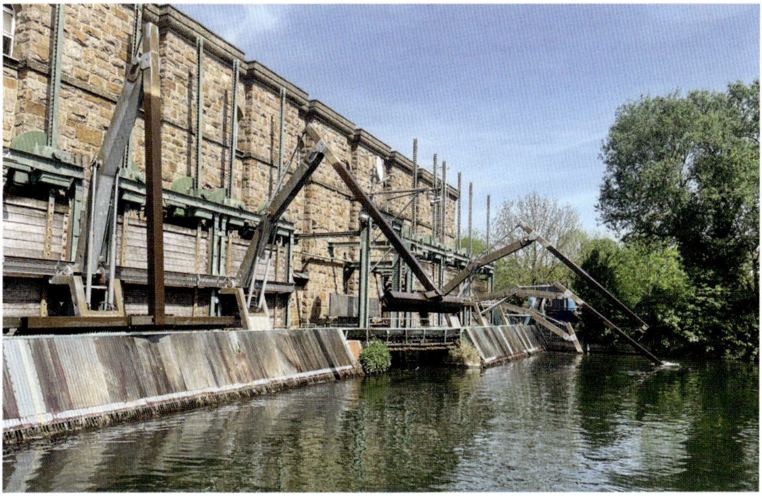

Die Rechenanlage ist die Müllabfuhr am Wasserkraftwerk.

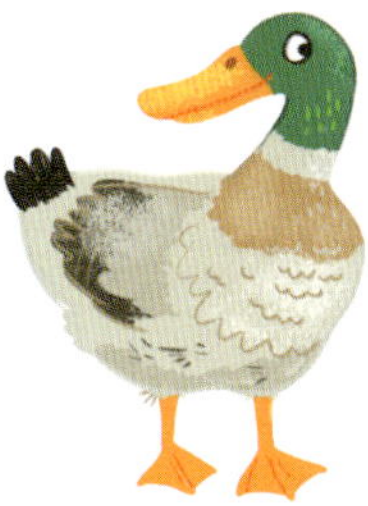

auf einen Ausguck zur Vogelbeobachtung, und tatsächlich begegnen uns immer wieder Menschen mit Ferngläsern auf der Suche nach Eisvogel oder Graureiher.

An einer Wege-Kreuzung biegen wir links in den Holunderweg und folgen diesem. Dabei überqueren wir den Mühlenbach, der in die Ruhr mündet. Am Ende geht es links an der Ruhr zurück und erneut über die Brücke am Kahlenbergwehr. Anschließend überqueren wir rechts auch noch den Schleusenkanal über eine Brücke und gehen nun links am Kanal zurück.

Noch genug Wasser im Gepäck? Wenn nicht, auch kein Problem: Denn auf dem Weg liegt eine Trinkhalle, an der wir pausieren können! Kurz darauf geht es rechts ab in den kleinen Thyssenpark, in dem die 1900 erbaute Villa Joseph Thyssen steht. Wir verlassen den Park und gehen weiter am Kanal, bis wir wieder am Spielplatz und damit am Ausgangspunkt ankommen.

Von hier aus lohnt es sich, noch einmal aufzubrechen – wenn noch genügend Kondition und Motivation vorhanden sind!

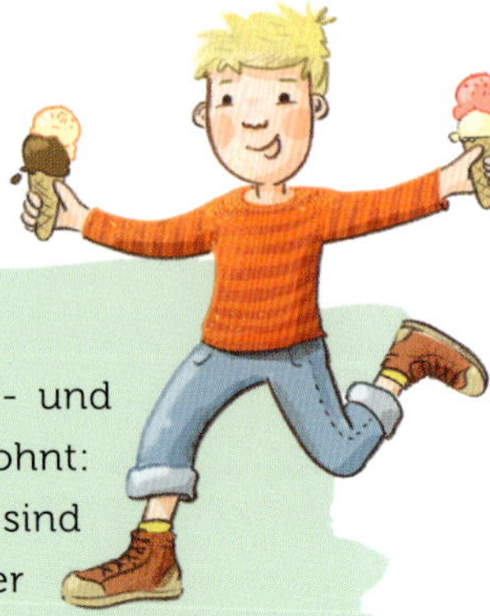

Tipp

Die Schlangen sind mitunter lang an der Eis- und Cafémanufaktur Café Plati. Doch das Warten lohnt: Die wechselnden Eissorten aus Meisterhand sind köstlich, darunter „Blackpott Steinkohle" oder „Mango-Granatapfel".
Café Plati, Auf dem Dudel 24, 45468 Mülheim an der Ruhr

Abstecher

Die Erweiterung um drei Kilometer führt zu einer Reihe weiterer Sehenswürdigkeiten: Schloss Broich, Camera Obscura im historischen Wasserturm, Ringlokschuppen und MüGa-Park mit einem Wasser- und Matschspielplatz. Um dorthin zu gelangen, gehen wir am Ufer weiter geradeaus, unter der großen Brücke her, um den Stadthafen herum und auf dem Treidelpfad weiter bis zur nächsten Brücke, auf der einst eine Eisenbahn verkehrte. Dort laufen wir die Rampe hinauf und befinden uns auf dem Radschnellweg Ruhr, dem RS1. Radfahrer sind hier schnell unterwegs, daher empfiehlt es sich, auf dem Fußweg zu bleiben. Auf dem RS1 überqueren wir die unter uns liegende Bergstraße und erblicken bald auf der linken Seite einen ehemaligen Wasserturm, die „Camera Obscura". Dort verlassen wir den Radweg und betreten den MüGa-Park, der 1992 für eine Landesgartenschau auf ehemaligem Bahngelände entstand. Die Camera Obscura lohnt einen Besuch, aber es warten auch weitere Highlights: Wir gehen am Ringlokschuppen vorbei, einem Industriedenkmal, das heute ein bekannter Kulturort ist, flanieren quer durch den Park zum zentral gelegenen Wasserspielplatz und gehen anschließend durch das Gelände von Schloss Broich auf die Straße Am Schloss Broich.

Dort befindet sich auch eine U-Bahn-Haltstelle. Um zum Ausgangspunkt zurückzulaufen, gehen wir in Richtung Stadthalle, überqueren die Ruhr auf der Schlossbrücke und laufen immer geradeaus und in die Fußgängerzone Schloßstraße, die auf die U-Bahn-Station Stadtmitte zuläuft.

Am Weg

CAMERA OBSCURA

Eine Camera Obscura („Dunkle Kammer"), ist eigentlich nur ein dunkler Raum mit einem Loch. Wenn Lichtstrahlen durch diese Öffnung fallen, werden sie gebündelt und projizieren ein Bild auf die gegenüberliegende Wand – in diesem Fall auf einen großen Tisch. Diese Abbildung ist seitenverkehrt und steht auf dem Kopf. Man sieht also in der dunklen Kammer das Geschehen in der Umgebung – gestochen scharf und im 360-Grad-Blick. Die Camera Obscura in Mülheim ist die weltweit größte, die man begehen kann – und sie befindet sich in einem ehemaligen Wasserturm. Ab 1904 wurden hier für die Dampflokomotiven des benachbarten Eisenbahnausbesserungswerks bis zu 600.000 Liter Wasser gespeichert.

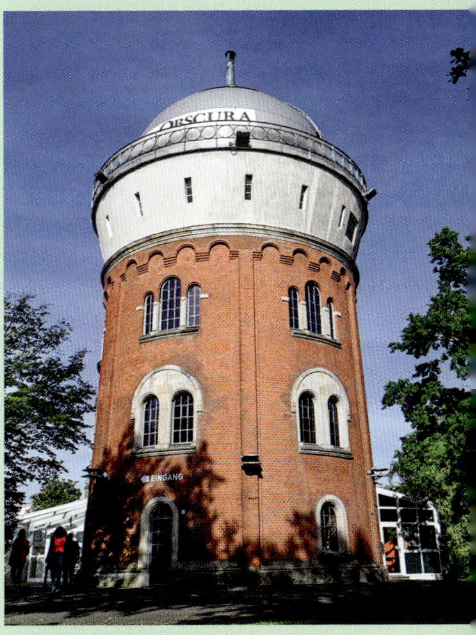

RUND UMS WASSER

Was fällt euch zum Thema Wasser ein?

Malt oder schreibt es hier auf!

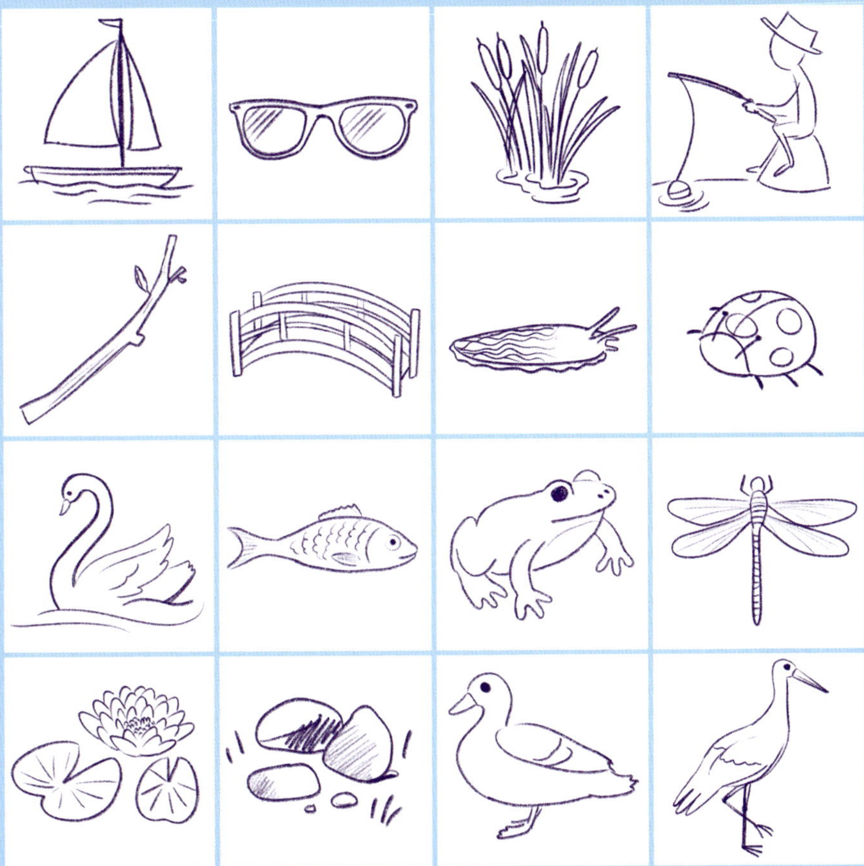

Oben seht ihr Tiere und Gegenstände, die man häufig im oder am Wasser sehen kann. Was könnt ihr heute entdecken? Streicht alle Dinge ab, die euch unterwegs begegnen!

Der Wasserspielplatz bietet jede Menge Gelegenheit, die Dynamik von Wasser kennenzulernen: Baut kleine Bötchen aus Papier oder Naturmaterial und lasst sie schwimmen oder versucht, einen kleinen Staudamm zu bauen!

TOUR 3

Startpunkt

Zielpunkt

Parkplatz

Haltestelle

Spiel & Spaß

Gastronomie

Burgen/
Schlösser/
Historische Orte

Wassererlebnis

Aussichtspunkt

Naturerlebnis

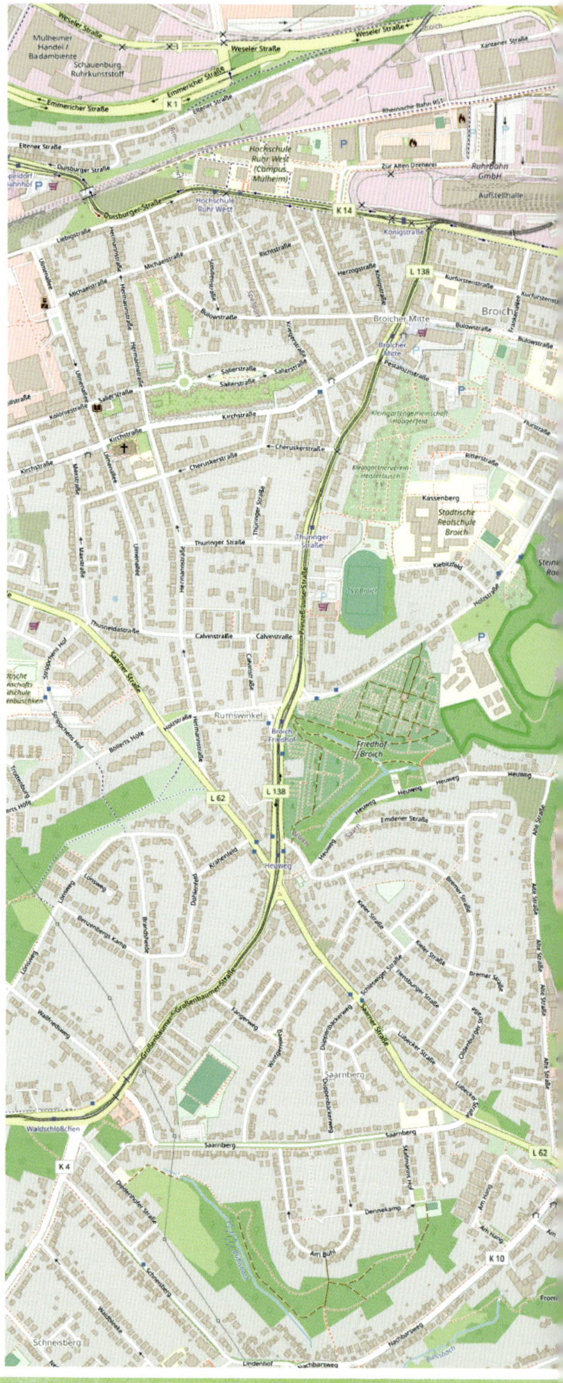

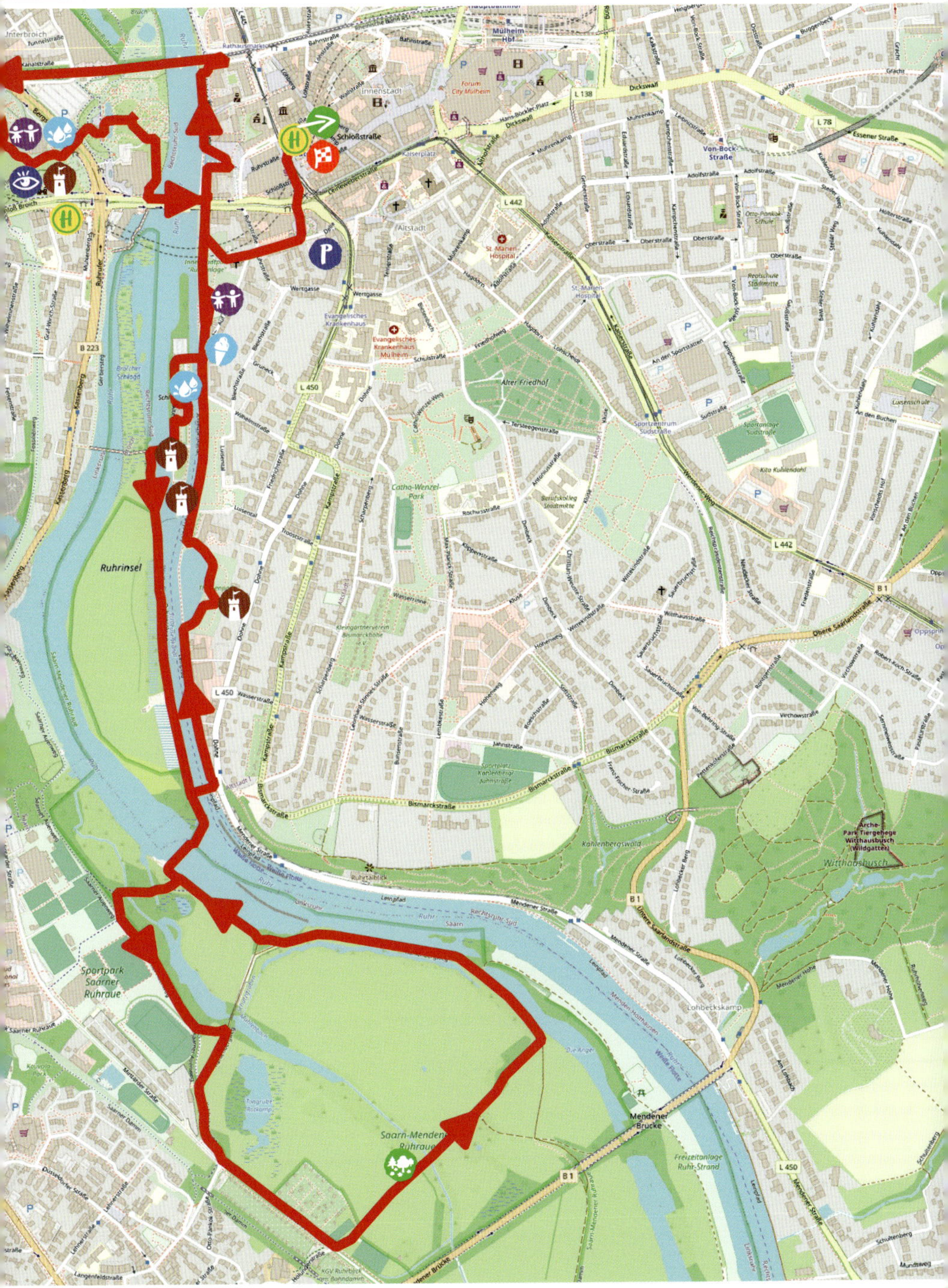
Mülheim Hbf
Forum City Mülheim
Innenstadt
Schloßstraße
Dickswall
Altstadt
St. Marien-Hospital
Evangelisches Krankenhaus Mülheim
Alter Friedhof
Catho-Wenzel-Park
Ruhrinsel
Sportzentrum Südstraße
Kahlenbergswald
Witthausbusch
Arche-Park Tiergehege Witthausbusch (Wildgatter)
Sportpark Saarner Ruhraue
Saarn-Mendener Ruhraue
Mendener Brücke
Freizeitanlage Ruhr-Strand
Ruhr

AUF DEM HOLZWEG

Der Waldlehrpfad im Stadtwald Kettwig

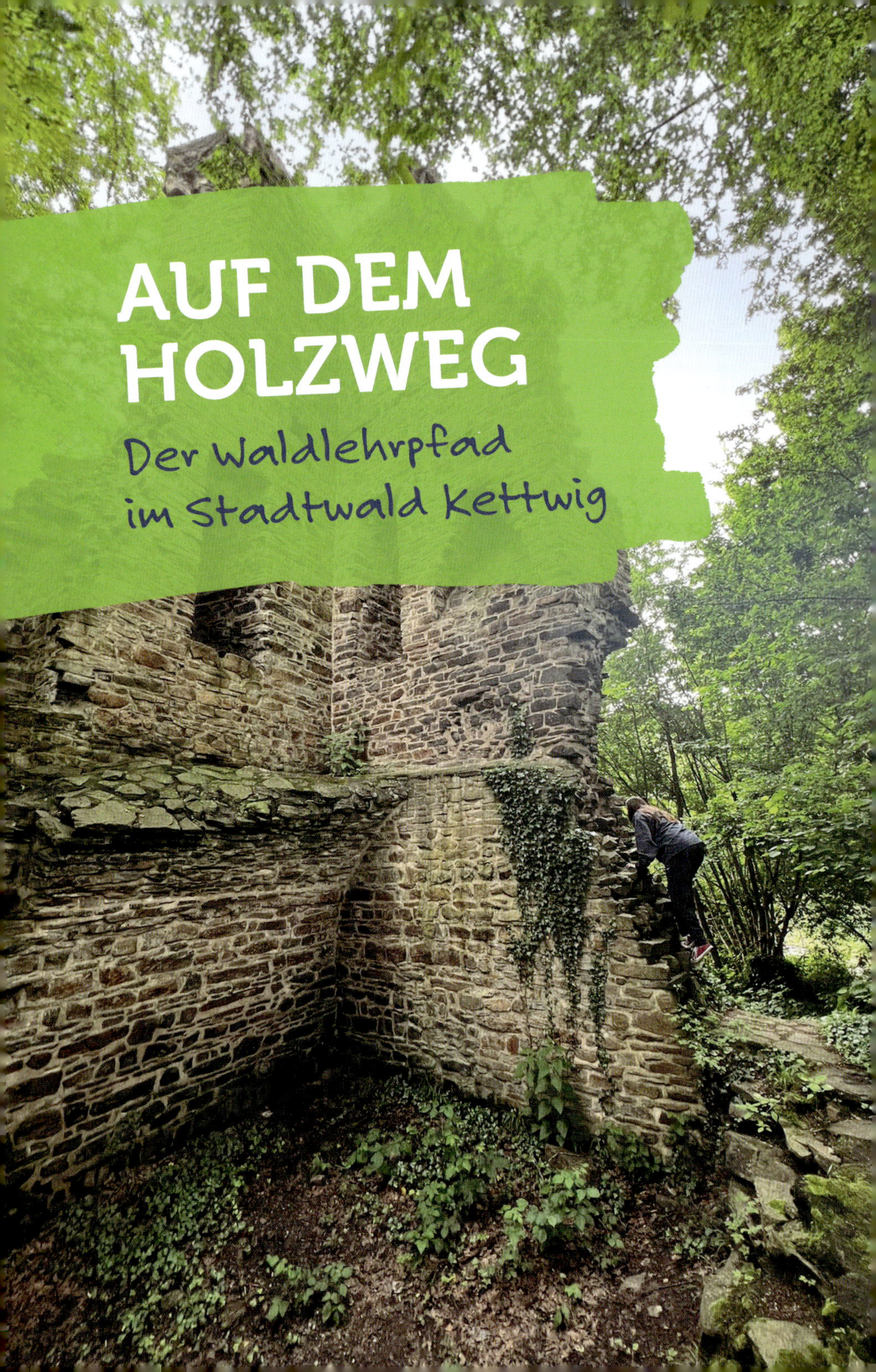

Gewandert am:

Das Wetter heute:

☐ ☐ ☐

Spaßfaktor: ☆☆☆☆☆

Auf diesem Holzweg sind wir goldrichtig! Herzstück der Wanderung ist der 2,3 Kilometer lange Waldlehrpfad im Stadtwald Kettwig. Seit 1989 wird hier jedes Jahr ein neuer „Baum des Jahres" gepflanzt. Dank der guten Erklärungen und Abbildungen kann man je nach Jahreszeit die zum Baum gehörenden Blätter, Samen oder Früchte suchen und erfährt allerhand über deren Heilwirkung und Rolle in der Mythologie. Die Tour lässt sich beliebig verlängern, zum Beispiel durch einen Spaziergang an der Ruhr. Der Waldlehrpfad ist Teil des 35 Kilometer langen Kettwiger Panoramasteigs.

TOUR 4

1:15 Std. | 4,2 km | 130 m

Start/Ziel: Kattenturm, Am Kattenturm 1

Anreise mit ÖPNV: Bahnhof Kettwig (16 Minuten Fahrt mit der S-Bahn 6 ab Essen Hbf), von dort noch 1 km zum Startpunkt

Anreise mit Pkw: Parkplatz des Biergartens Am Kattenturm, Am Kattenturm 12, 45219 Essen (für Gäste kostenlos, für Wanderer kostenpflichtig)

Wegbeschaffenheit: Unbefestigte Waldwege, nach Regen teils matschig

Wegbeschreibung: Wer mit der Bahn anreist, geht vom Bahnhof Kettwig in einer Viertelstunde entlang der Ruhrtalstraße zum Kattenturm. Am Startpunkt nehmen wir zunächst die Ruine unter die Lupe. Wir betreten das Innere des Turms, dessen Außenmauern allerdings an zwei Seiten komplett fehlen, und staunen, dass diese Mauern aus Ruhrsandstein schon seit mehr als 500 Jahren hier an der Ruhr stehen. Den Kattenturm im Rücken, überqueren wir die Ruhrtalstraße direkt an der Bushaltestelle Kattenturm. Gegenüber der Haltestelle führt ein Fußweg an einem Sportplatz vorbei in den Wald. Wir folgen diesem Weg und auch der Linkskurve auf unbefestigtem Waldboden bergauf.

Am Weg

KATTENTURM

Die Ruine des Kattenturms ist das letzte Relikt der mittelalterlichen Burg Luttelnau, die im 13. Jahrhundert aus Ruhrsandstein entstand. An der Ruhr ist sie die einzige „Motte", die zumindest noch teilweise erhalten ist – also eine Burg, deren Turm auf einem künstlich angelegten, hier zwei Meter hohen Hügel steht. Warum der Turm im 19. Jahrhundert „Kattenturm" genannt wurde, ist unklar – in der Bevölkerung ging offenbar die Sage von einem Schatz, den der Volksstamm der Chatten dort bewacht haben soll. Aber auch von Katzen als Namensgebern ist die Rede. Auch als Gefängnis hat der Turm einst gedient. Die Turmmauern lassen sich ganz aus der Nähe erkunden.

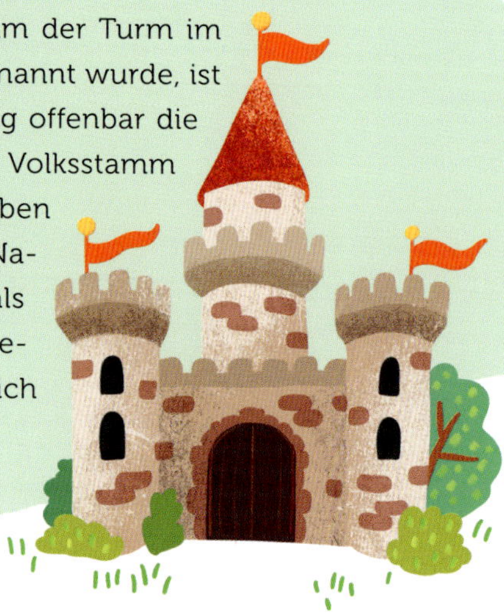

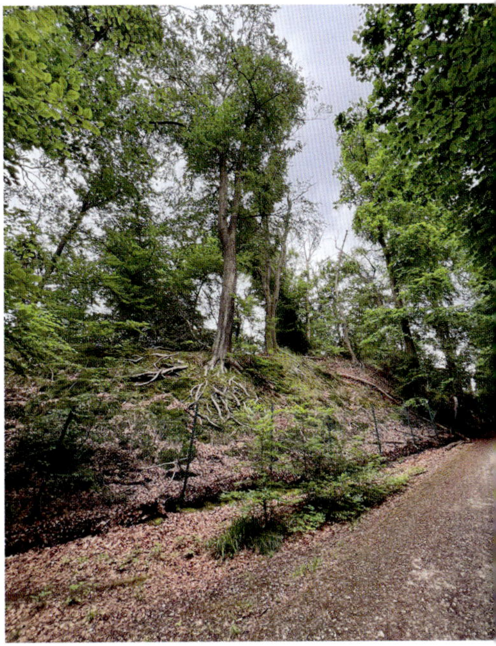

Oben angekommen, geht es in einer Haarnadelkurve rechts herum. Der Weg wird enger und – je nach Wetterlage – eventuell auch ein wenig matschig. Wir folgen dem Hauptweg geradeaus, der nun parallel zur Straße An der Nittelau führt. Der Kettwiger Panoramasteig, zu dem diese Tour gehört, ist sehr gut ausgeschildert; das Symbol – ein weißes Quadrat mit einer blauen waagerechten und einer roten gezackten Linie – prangt an jeder Abzweigung.
Im Zweifel geht es immer bergauf! Schließlich kommen wir am Friedhof Kettwig an und stehen nun an der Infotafel, die den Eingang zum Waldlehrpfad markiert. Wir verschaffen uns einen Überblick über die Strecke, die im Dreieck einmal durch den Stadtwald führt.

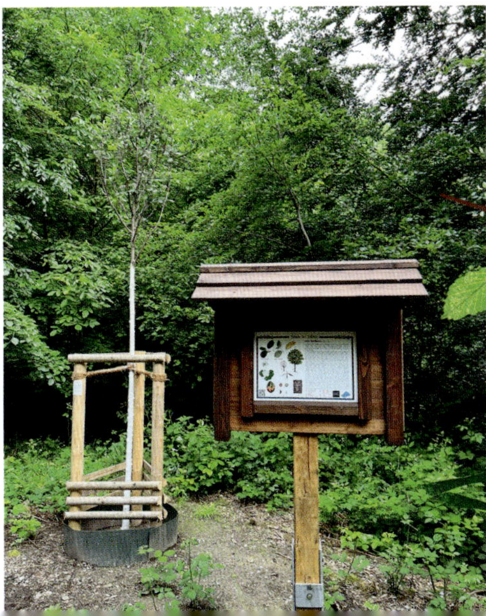

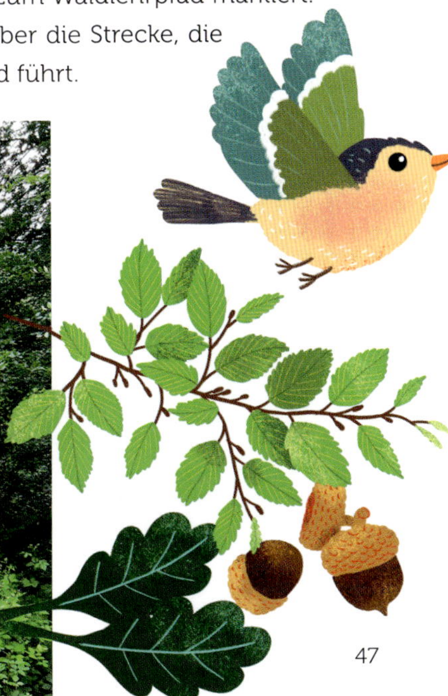

Hier am Friedhof stehen auch gleich die ersten Hinweisschilder zu verschiedenen Bäumen des Jahres. Wir halten uns links, immer am Friedhof entlang, folgen dem linken Weg weiter und bleiben auf der Spur der Bäume des Jahres.
An einer T-Kreuzung am Baum des Jahres 1991, der Sommerlinde, gehen wir links ein Stück weiter bergauf und sofort wieder rechts. Es geht nun ein kurzes Stück an einem Feld entlang – und an weiteren Baumschildern. Bei der nächsten Gelegenheit biegen wir rechts ab. Nun führt der Weg recht steil bergab am Kahlensiepenbach entlang. Kurz hinter dem Baum des Jahres 2003, der Schwarzerle, machen wir eine Haarnadelkurve nach rechts und gehen wieder zurück bergauf. Die Ruhr befindet sich nun auf unserer linken Seite, ist aber meist hinter einer Böschung verschwunden. An der einen oder anderen Stelle kann man hinaufklettern und einen Blick aufs Ruhrtal werfen.
An der Abzweigung gehen wir nach links. Endlich gibt es nun einen unverstellten Blick auf die Ruhr. Noch ein kleines, aber steiles Stück weiter geht es bergauf, bis wir an einem gemauerten Rondell und an einer Bank mit einem erneut fantastischen Blick ins Tal belohnt werden. Fotopause! Vielleicht genießt ihr auch ein kleines Picknick mit

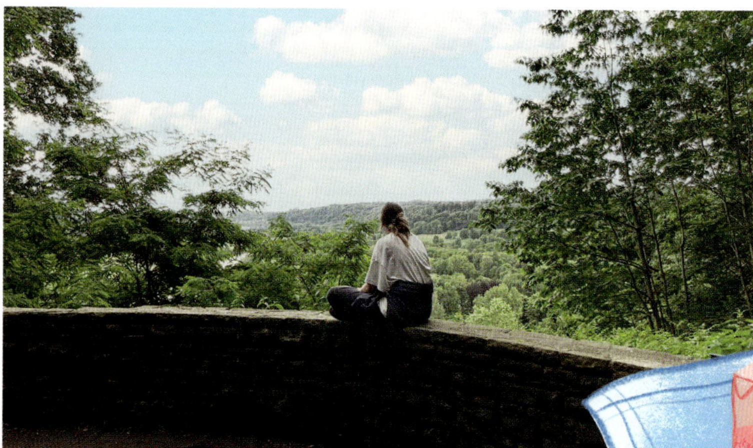

Rast mit Ruhr-Blick

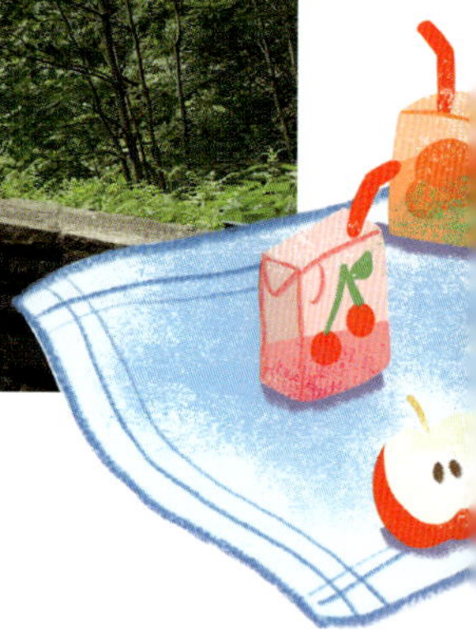

toller Aussicht und macht euch nach einer Stärkung wieder auf den Weg.

Kurz vor Ende dieses Weges, die Gabelung ist schon in Sicht, führt ein unscheinbarer Fußweg links bergab. Entweder nehmen wir diesen etwas steileren Offroad-Weg, um wieder zum Ausgangspunkt zu gelangen. Oder wir gehen weiter geradeaus und landen wieder am Friedhof, um links und den gleichen Weg zurückzugehen. In beiden Varianten kommen wir am Ende wieder unten am Sportplatz und an der Ruhrtalstraße an.

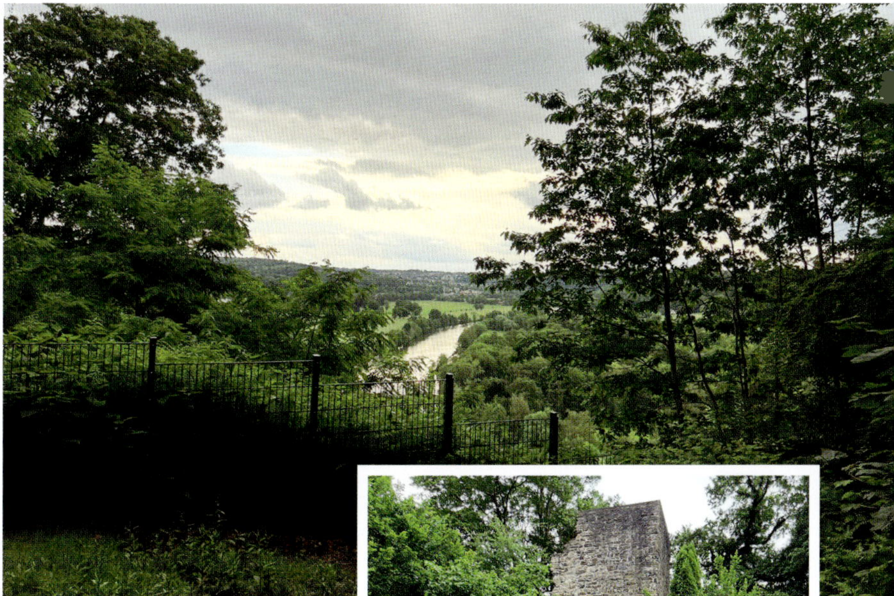

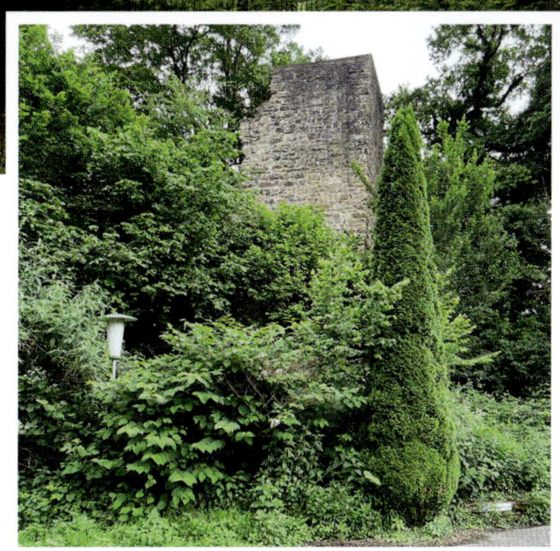

Panorama-Blick auf die Ruhr, Kattenturm

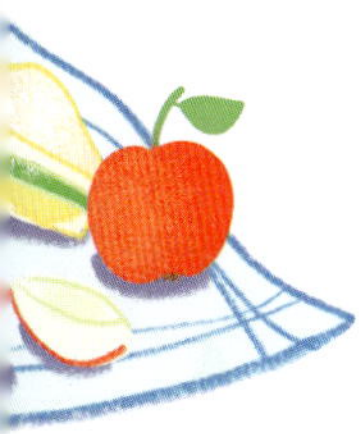

WALDBINGO

Auf der rechten Seite seht ihr verschiedene Pflanzen und Tiere, die man im Wald finden kann. Streicht ab, was ihr heute unterwegs seht.

Wenn ihr noch mehr spannende Tiere oder Pflanzen entdeckt, könnt ihr sie hier aufmalen:

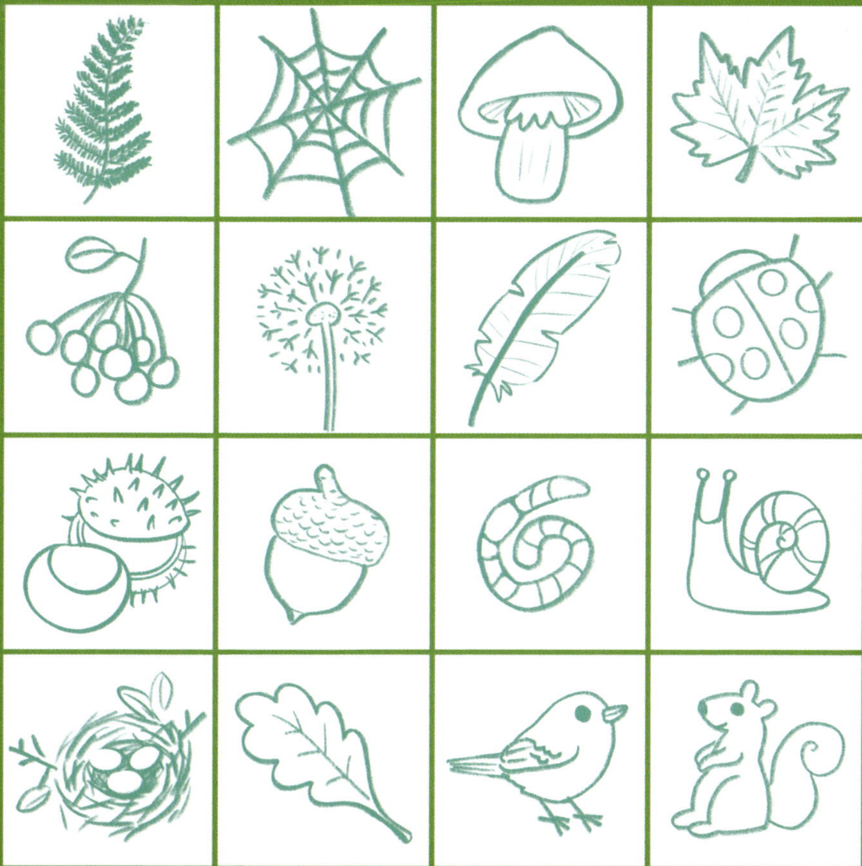

Tipp

Ein Eierkarton eignet sich perfekt als Sammelkiste für Baumfrüchte – vielleicht könnt ihr einige der hier abgebildeten Dinge auch auf eurer Wanderung finden. Wer schafft es, alle Fächer des Eierkartons zu füllen?

TOUR 4

Startpunkt

Zielpunkt

Parkplatz

Gastronomie

Burgen/ Schlösser/ Historische Orte

Aussichtspunkt

Naturerlebnis

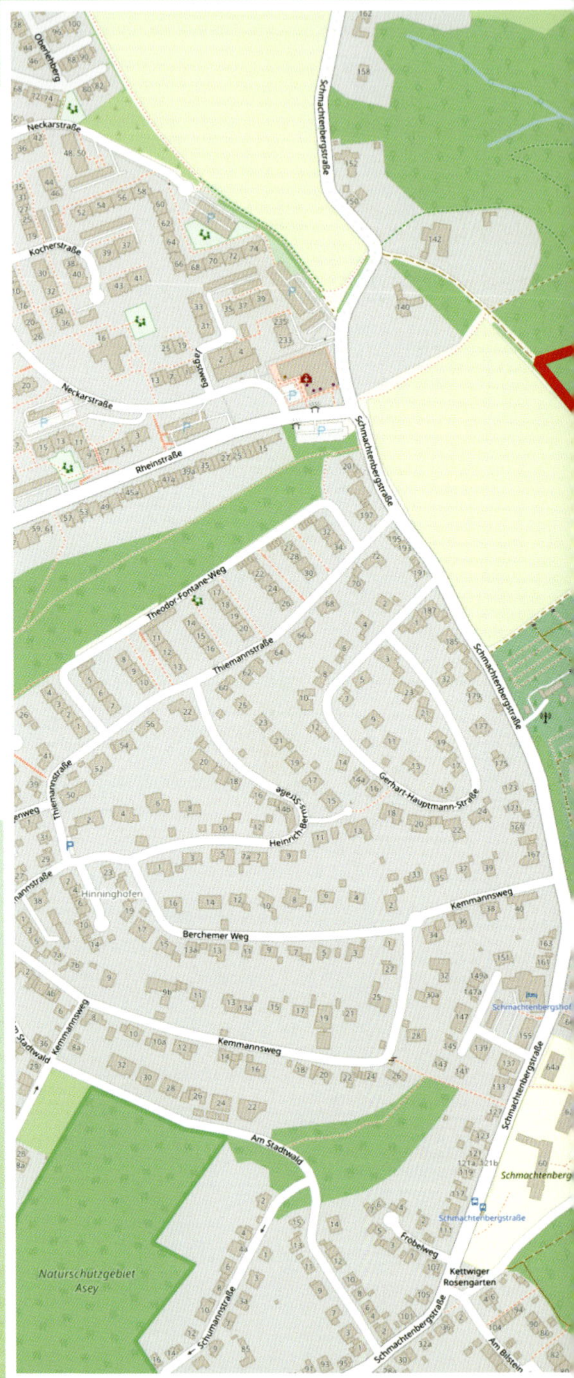

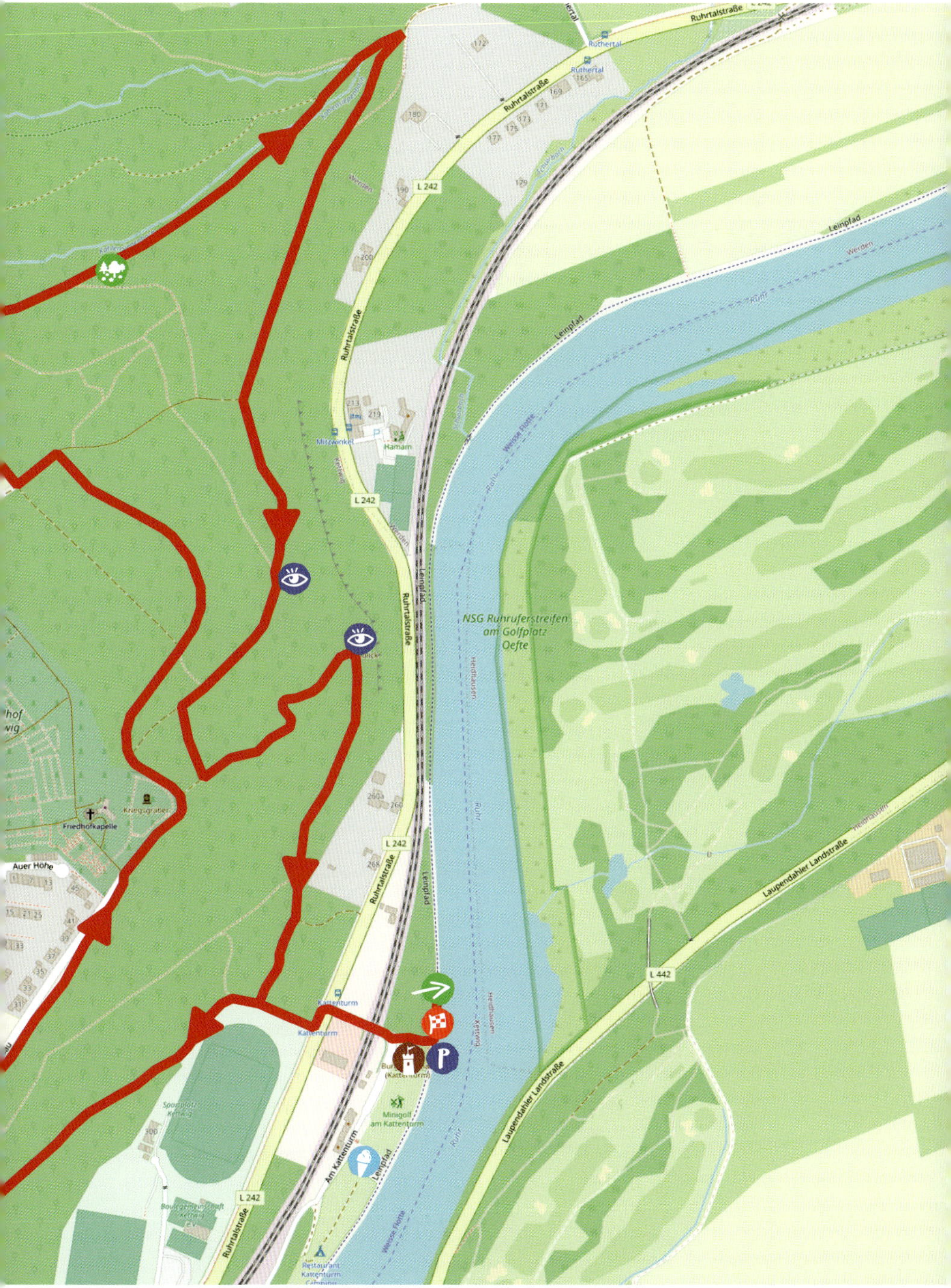
Ruhrtalstraße
Ruhrtal
L 242
Leinpfad
Werden
Ruhr
Mitzwinkel
Hamam
NSG Ruhruferstreifen am Golfplatz Oefte
Heidhausen
Weisse Flotte
Laupendahler Landstraße
L 442
Friedhofkapelle
Kriegsgräber
Auer Höhe
Kattenturm
Minigolf am Kattenturm
Am Kattenturm
Sportplatz Kettwig
Restaurant Kattenturm
Kettwig

REIF FÜR DIE EMSCHERINSEL

Von Stein zu Stein in Gelsenkirchen

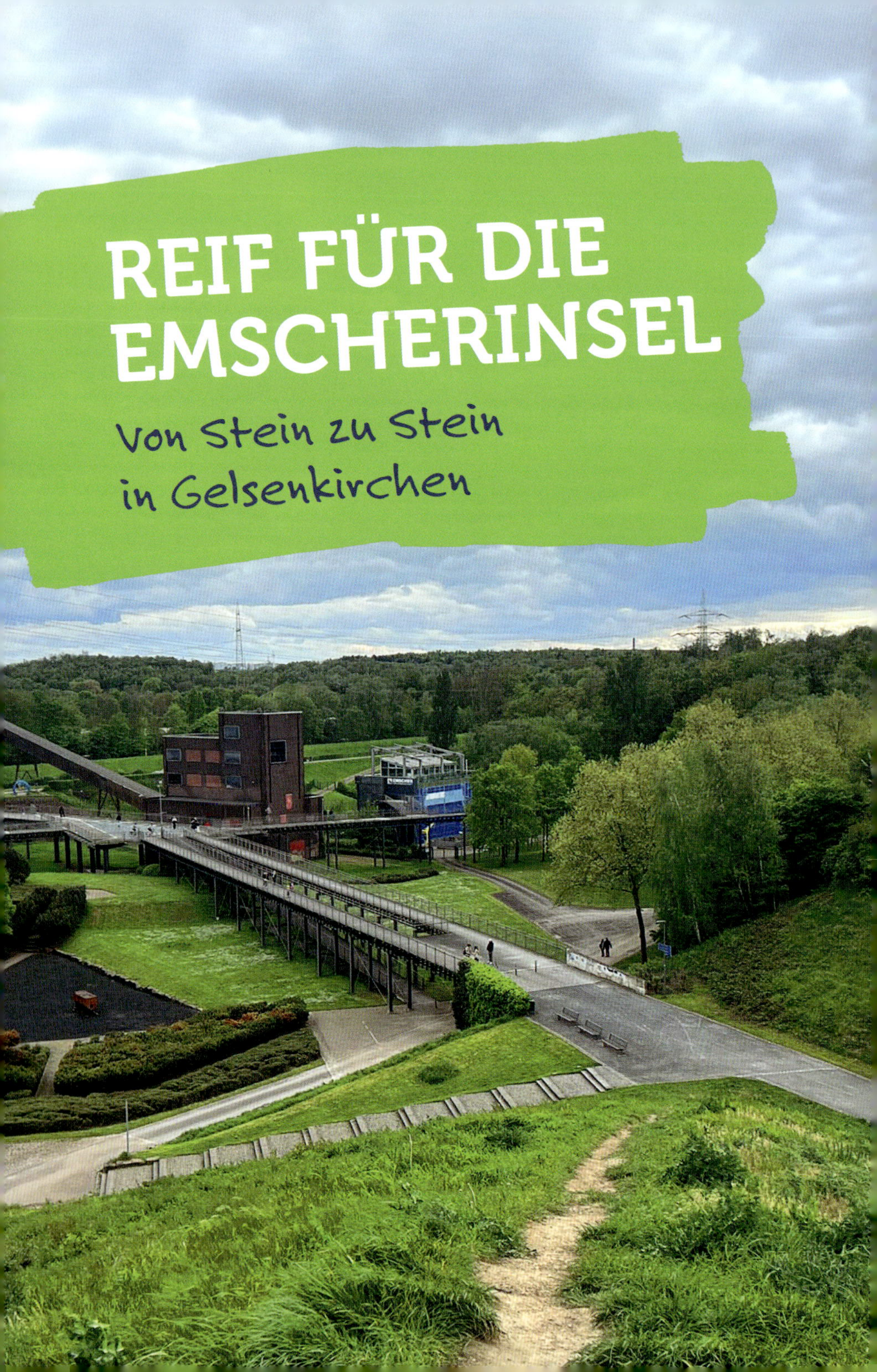

Gewandert am:

Das Wetter heute:

☐ ☐ ☐

Spaßfaktor: ☆☆☆☆☆

Es ist ein steiniger Weg für Gelsenkirchen, seine Vergangenheit als eine der größten Bergbaustädte Europas hinter sich zu lassen. Auf dieser Wanderung kann man den Wandel ganz bequem und Schritt für Schritt nachvollziehen: Sie führt durch ein Jahrzehnte lang unzugängliches Gelände, das heute ein Park voll toller Spielmöglichkeiten, guter Aussichten und spannender Einblicke in die Bergbaugeschichte ist. Monumentales Symbol für den Wandel ist ein riesiger, rätselhafter Stein, der sogar Musik macht!

TOUR 5

2 Std. | ca. 4 bis 7 km | 10 m

Start/Ziel: Parkplatz am Amphitheater, für ÖPNV-Nutzer: Nordsternplatz an der Zeche Nordstern

Anreise mit ÖPNV: Bushaltestelle „Nordsternpark" der Buslinien 383 oder SB 36, 25 Minuten ab Gelsenkirchen Hbf

Anreise mit Pkw: Parkplatz am Amphitheater, Wallstr. 53, 45899 Gelsenkirchen (kostenlos)

Wegbeschaffenheit: Befestigte, leicht begehbare Wege, viele Treppen

Wegbeschreibung: Wir starten auf dem Parkplatz, der mitten auf der Emscherinsel liegt – also auf dem schmalen Streifen zwischen Emscher und Rhein-Herne-Kanal. Die beiden Gewässer verlaufen parallel zueinander. Von hier aus erstreckt sich der Park zu beiden Seiten, und wir müssen entscheiden, welche wir zuerst erkunden. Wir wenden uns zuerst nach rechts, überqueren die Brücke über die Emscher und sehen links vor uns einen auffällig gleichmäßig gestalteten Hügel: die „Pyramide". Diese Halde wurde für die Bundesgartenschau 1997 als Aussichtsplattform hergerichtet und ist nun unser erstes Ziel.

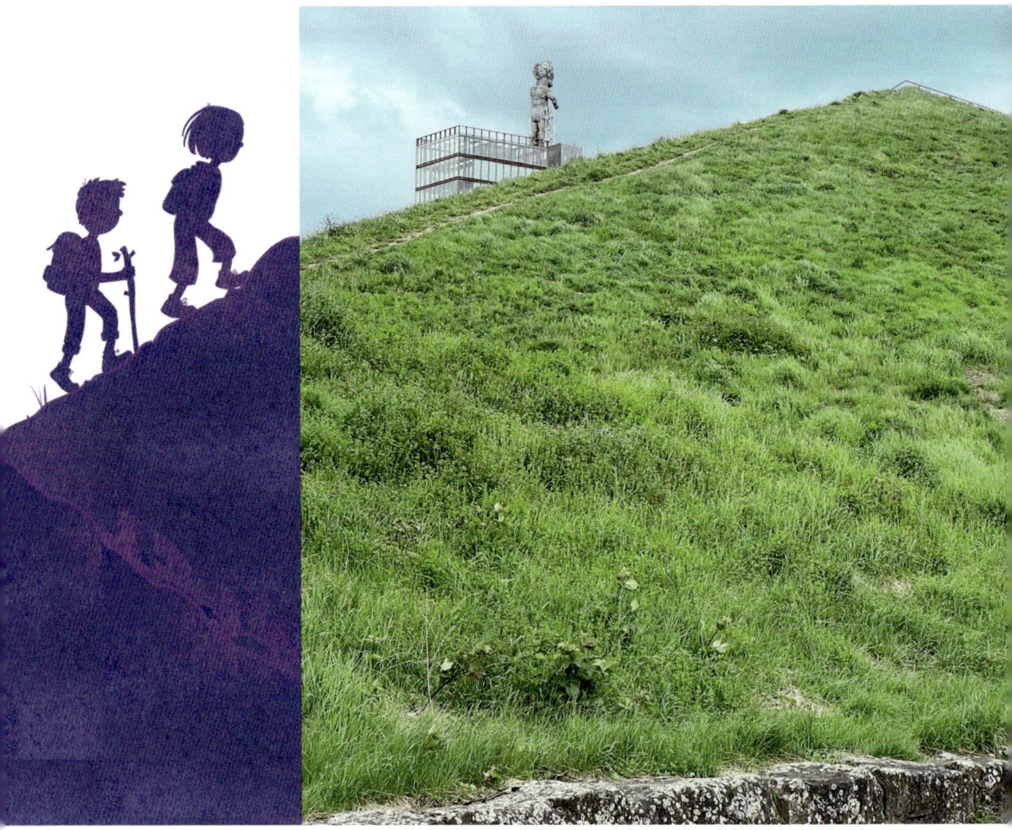

Blick auf die Pyramide – und den Hintern des Herkules

Am Weg

NORDSTERNPARK

Anfang der 1980er-Jahre schloss nach über 100 Jahren Steinkohleförderung die Zeche Nordstern. Das lange unzugängliche Areal wurde 1997 durch die Bundesgartenschau wachgeküsst: Es entstand ein neues Ausflugsziel, der Nordsternpark, der von Rhein-Herne-Kanal und Emscher durchzogen wird. Viele der Zechengebäude blieben stehen und erinnern an die Geschichte des Geländes. Sie stammen von Fritz Schupp, den man als Architekten der Weltkulturerbe-Zeche Zollverein in Essen kennt. Im Park liegen eine Freilichtbühne (das Amphitheater), ein Schiffsanleger der Weißen Flotte Baldeney, drei künstliche Kletterfelsen, ein 63 Meter langer Bergbaustollen, Spielplätze und interessante Hängebrücken über Emscher und Kanal. Die Bundesgartenschau, die 1997 den Anstoß für den Nordsternpark gab, war damals die erste, die auf einer ehemaligen Industriebrachfläche stattfand.

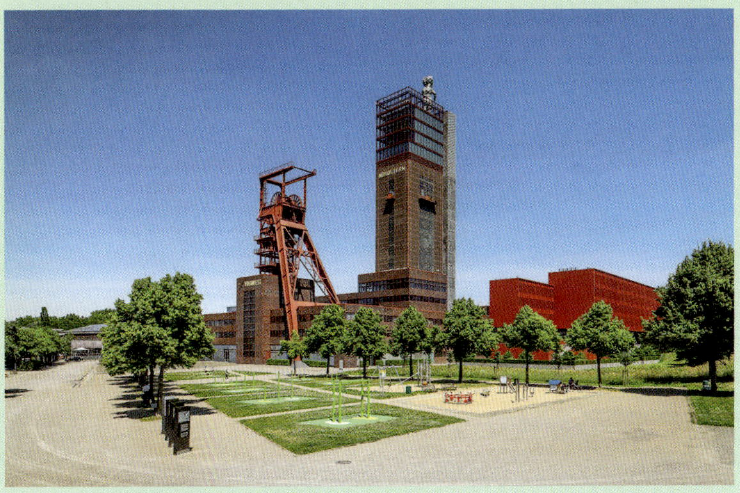

Etwa 160 Stufen führen hinauf und erlauben einen ersten Überblick über den gesamten Park. Auch andere Landmarken sind von hier oben gut zu erkennen, etwa das Tetraeder in Bottrop oder die kurz hinter der Stadtgrenze in Essen gelegene Schurenbachhalde mit der 15 Meter hohen Stahl-Bramme des Künstlers Richard Serra. Und natürlich haben wir einen guten Blick auf die Zeche, die dem Park ihren Namen gegeben hat: Nordstern.
Wir verlassen die Pyramide über die Treppe auf der anderen Seite und gehen nun in Richtung des Förderturms und des direkt daneben stehenden Nordsternturms. Darauf thront die riesige, nackte Figur des Herkules. Vor dem Gebäude liegt ein Spielplatz, und es gibt einige Fitnessgeräte für alle Altersgruppen.

Am Weg

HERKULES

Die nackte Figur, die mitten auf dem Nordsternturm steht, ist Herkules – ein Held und Halbgott aus der griechischen Sagenwelt, der so stark war, dass er Löwen und schreckliche mehrköpfige Ungeheuer besiegte. Bis heute spricht man von einer „Herkulesaufgabe", wenn etwas besonders Schwieriges bevorsteht. Aber was hat die Skulptur auf dem Zechenturm zu suchen? Auch der Niedergang des Bergbaus war für Gelsenkirchen eine Herkulesaufgabe, denn viele Arbeitsplätze fielen dadurch weg. Die 18 Meter hohe und 23 Tonnen schwere Skulptur des Künstlers Markus Lüpertz steht auch für die Kraft, mit der sich die Stadt neu erfinden musste. Man kann den Turm (gegen Gebühr) hinauffahren und blickt von der Aussichtsplattform bis nach Dortmund und ins Bergische Land. Weitere Informationen unter www.nordsternturm.de

Wir gehen wieder zurück und folgen den Schildern in Richtung Amphitheater und Schiffsanleger. Der Weg geht über in einen erhöhten Steg, der nun wie eine Brücke auf die nächste erhalten gebliebene Industrieanlage zuläuft. Auffällig daran ist eine 175 Meter lange „Rutsche", die zwei Backsteintürme über die Emscher hinweg miteinander verbindet. In diesem Komplex aus Kohlenbunker, Bandbrücke und Kohlenwäsche wurde die geförderte Kohle sortiert und von so genanntem „tauben Gestein" befreit – so nennt der Bergmann die unbrauchbaren Bestandteile aus dem Boden. Der Kohlenbunker soll bis zur Internationalen Gartenschau IGA 2027 zu einem begrünten und begehbaren „Green Tower" werden.

Kurz vor diesem Gebäude führt der Steg-Weg über einen Gitterboden, durch den man mehrere Meter hinab in die Tiefe blicken kann. Wer das nicht mag, kann auch daran vorbei laufen. Wir gehen hier rechts ab in Richtung Kletterfelsen, ebenfalls über einen erhöhten Steg. Nach wenigen Metern tauchen links drei 18 Meter hohe künstliche und mit bunten Klettergriffen versehene Steine auf, die von allen Seiten bezwungen werden können – allerdings nur unter Aufsicht und Anleitung des Deutschen Alpenvereins, der die Anlage betreibt.

Wir schauen den Kletterern eine Weile zu und gehen anschließend wieder zurück auf den Platz vor der Kohlenwäsche. Hier schauen wir einmal von unserer Brücke hinunter: Auf dem unten gelegenen Weg entdecken wir ein Feld voller schwarzer kleiner Steine, die an ein Kohlenfeld erinnern, und eine bogenförmige Öffnung in einer Mauer. Es ist der Eingang zu einem 63 Meter langen Bergbaustollen, der hier angelegt wurde, um ein Unter-Tage-Gefühl zu vermitteln. Führungen gibt es nur zu Sonderveranstaltungen im Park.

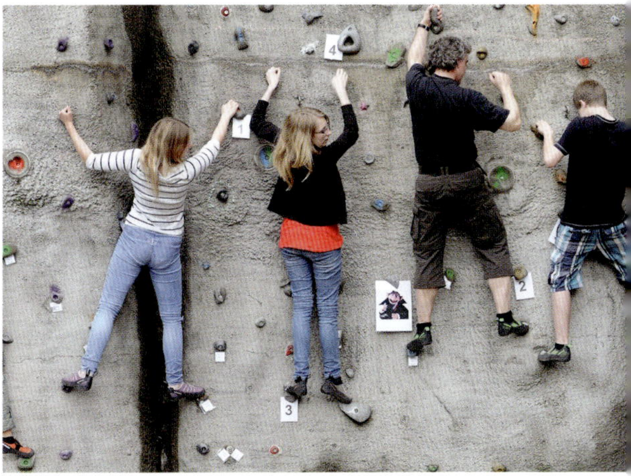

Rauf auf den Kletterfelsen!

Wir folgen nun der Bandbrücke und überqueren die Emscher, laufen am rechts gelegenen Amphitheater mit seiner auf dem Wasser gelegenen Bühne vorbei und gehen weiter geradeaus über die große, rote Doppelbrücke über den Kanal. Sie ist zum Wahrzeichen des Nordsternparks geworden.

Tipp

Linkerhand liegt das Kinderland – ein großer Wasser- und Abenteuerspielplatz mit zahlreichen Spielmöglichkeiten, darunter ein künstlich angelegter See, auf dem man mit einem Floß übersetzen oder in Fässern paddeln kann. Bepflanzte Hügel erinnern an kleine Halden, es gibt Wasserfälle und Bachläufe, Sand- und Rasenflächen, Kletterpyramiden und einen kleinen Wald. Eine Verleih-Station bietet kostenlos Sand- und Wasserspielzeug, Bälle, Schläger, Netze und Paddel.
Hier kann man sich auch gut eine Pause gönnen und ein kleines Picknick machen!

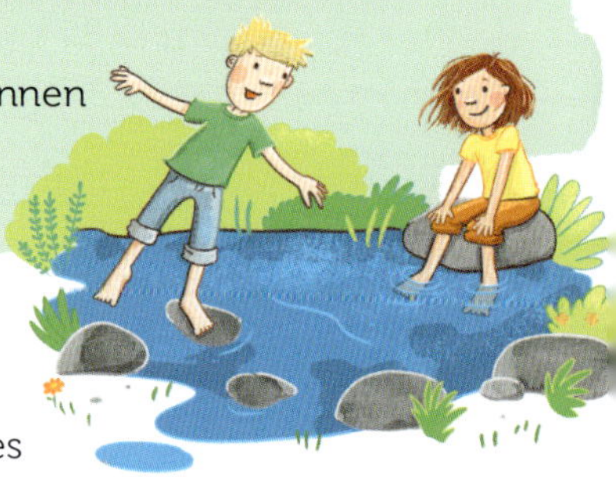

Uns zieht es nun weiter zur „Wilden Insel", auf der sich seit 2010 ein Highlight des Skulpturenweges „Emscherkunst" befindet.
Es ist der wohl verrückteste Stein dieser Wanderung: das „Monument for a forgotten future" („Denkmal für eine vergessene Zukunft"). Um dorthin zu gelangen, gehen wir am Rhein-Herne-Kanal auf dem Emscherparkradweg in östliche Richtung, also mit dem Nordsternpark und dem Spielplatz im Rücken. Wir gehen unter der Grothusstraße her, dann unter einer Eisenbahnbrücke und weiter geradeaus. Wir folgen dem Emscherparkweg rechts auf die Hafenstraße und gleich wieder links, verlassen dann aber den Radweg und betreten das Gelände der Gelsenkirchener Schleuse durch ein

Eingangstor. Der Kanal gabelt sich hier in zwei Schleusenkanäle, die einen Höhenunterschied von 6,20 Metern ausgleichen und sich in ca. acht Minuten füllen bzw. leeren.

Am Weg

MONUMENT FOR A FORGOTTEN FUTURE

Ungewöhnlich ist schon der Name – und die Tatsache, dass dieser Stein überhaupt einen Namen trägt. Allerdings handelt es sich bei dem beeindruckenden Findling auf der Emscherinsel auch um keinen normalen Stein, sondern um eine Skulptur. Die Künstler Olaf Nicolai und Douglas Gordon platzierten sie 2010 zur Ausstellung „Emscherkunst" auf der wilden Insel. Der künstliche etwa sieben Meter hohe Stein ist die 123 Tonnen schwere Beton-Kopie eines Felsens aus einem Nationalpark in den USA. Aus seinem Inneren ertönt leise ein Stück der schottischen Band Mogwai. Spätestens das macht deutlich, dass man hier vor einem Kunstwerk steht, das ein Stück Natur nachbilden soll. Auch der Standort ist alles andere als natürlich: Der Mensch hat hier einen Kanal angelegt, einen Fluss kanalisiert und eine Industrielandschaft geschaffen. Allerdings hat die Natur den Ort schon ein wenig zurück erobert. Die „Wilde Insel" macht ihrem Namen alle Ehre – wer am Monument weiter geradeaus geht, kann sich mitunter wie ein Pfadfinder durchs Dickicht schlagen.

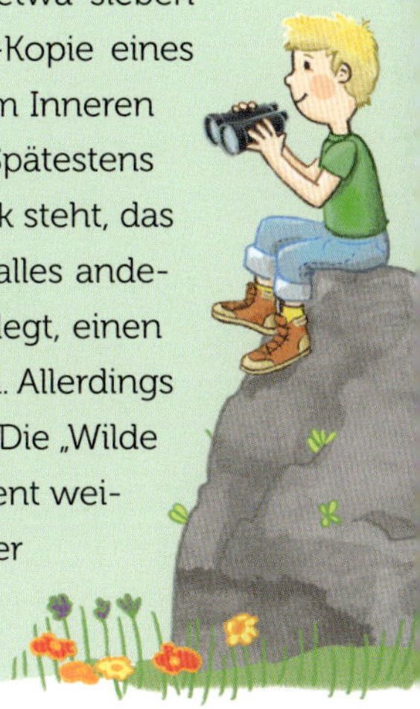

Wir überqueren die Schleusenbrücke, gelangen auf die andere Seite des Kanals und damit auf die „Wilde Insel". Wir gehen geradeaus auf eine Treppe zu und biegen gleich links ab in einen ausgeschilderten Weg, der nach einigen Metern zum „Monument for a forgotten future" führt. Auf der wilden Insel gehen wir noch ein wenig auf Entdeckungsreise und laufen anschließend zurück zum Nordsternpark.

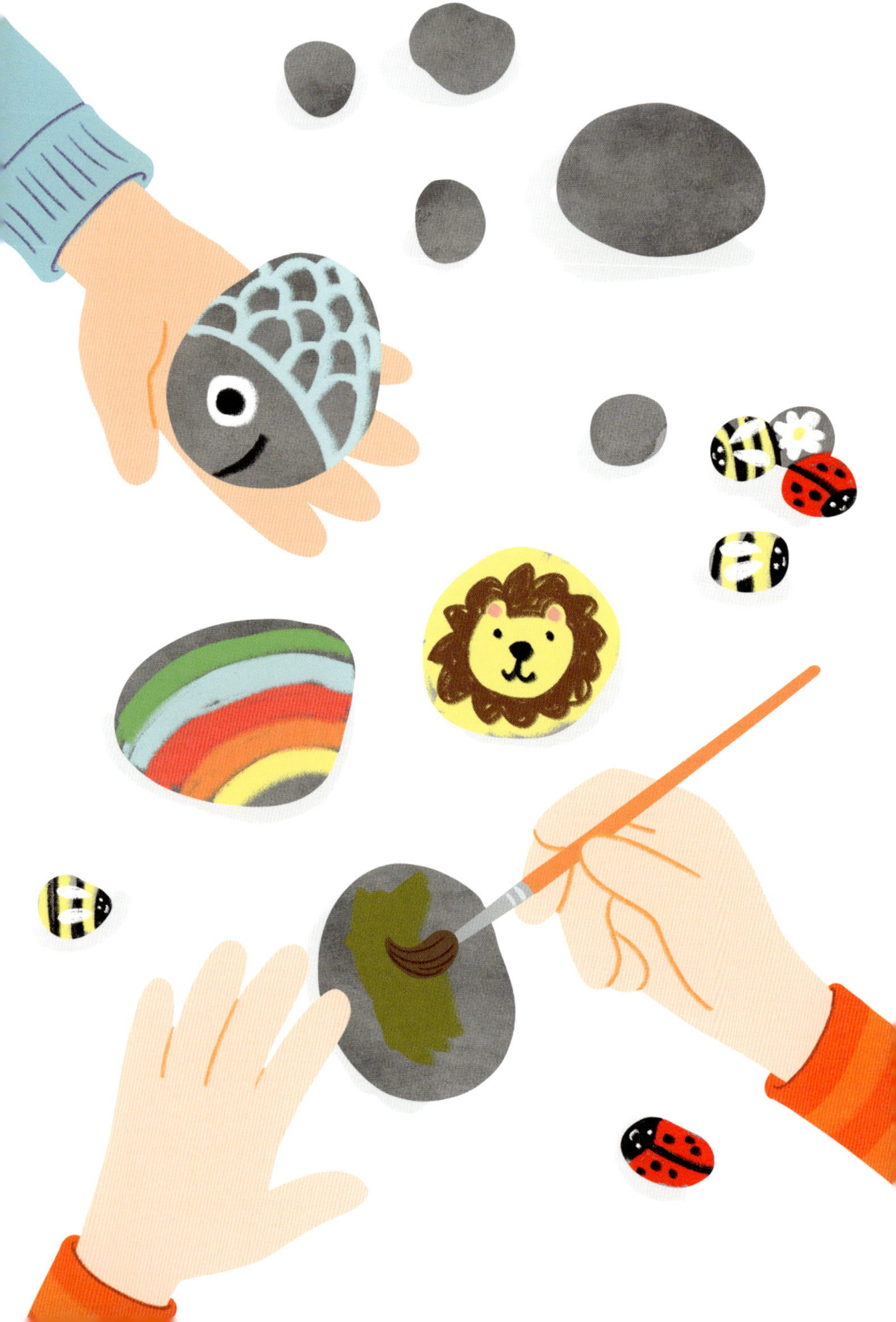

Unterwegs macht das Stapeln von Steinen viel Spaß: Wer kann den höchsten Steinturm bauen, ohne dass er umkippt?
Am Wasser könnt ihr auch Steine „flitschen" lassen – bestimmt helfen euch die Erwachsenen dabei und zeigen euch, wie es geht.
Besonders schöne Steine könnt ihr auch sammeln und zu Hause mit Acrylfarben bemalen! Vielleicht habt ihr auch Lust, ein Steine-TicTacToe für unterwegs zu basteln? Das Spielfeld haben wir schon für euch vorbereitet:

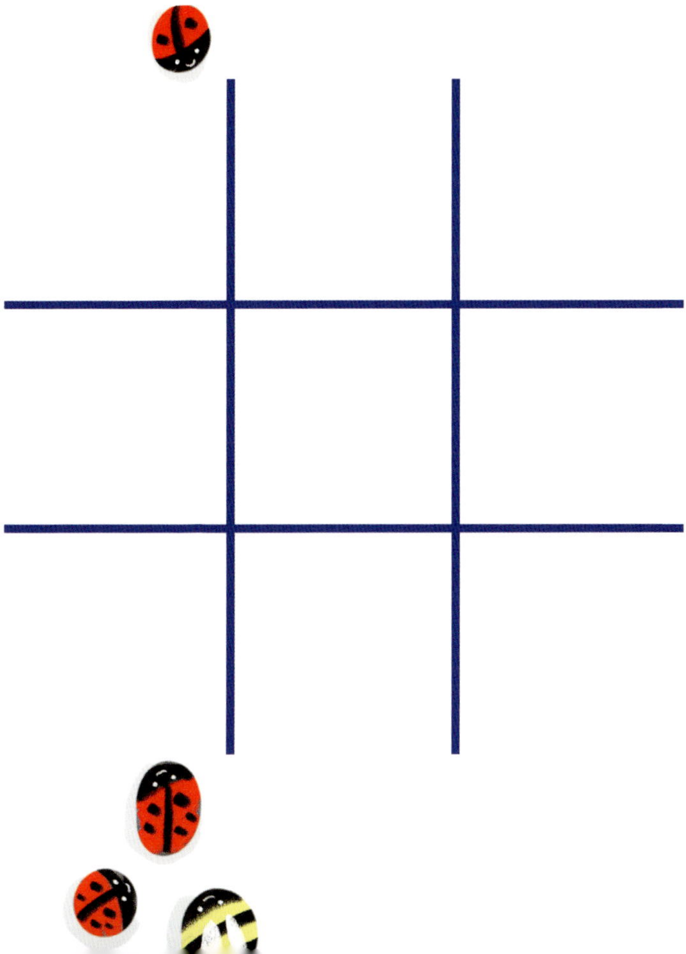

TOUR 5

- Startpunkt
- Zielpunkt
- Parkplatz
- Haltestelle
- Spiel & Spaß
- Burgen/ Schlösser/ Historische Orte
- Wassererlebnis
- Aussichtspunkt
- Naturerlebnis

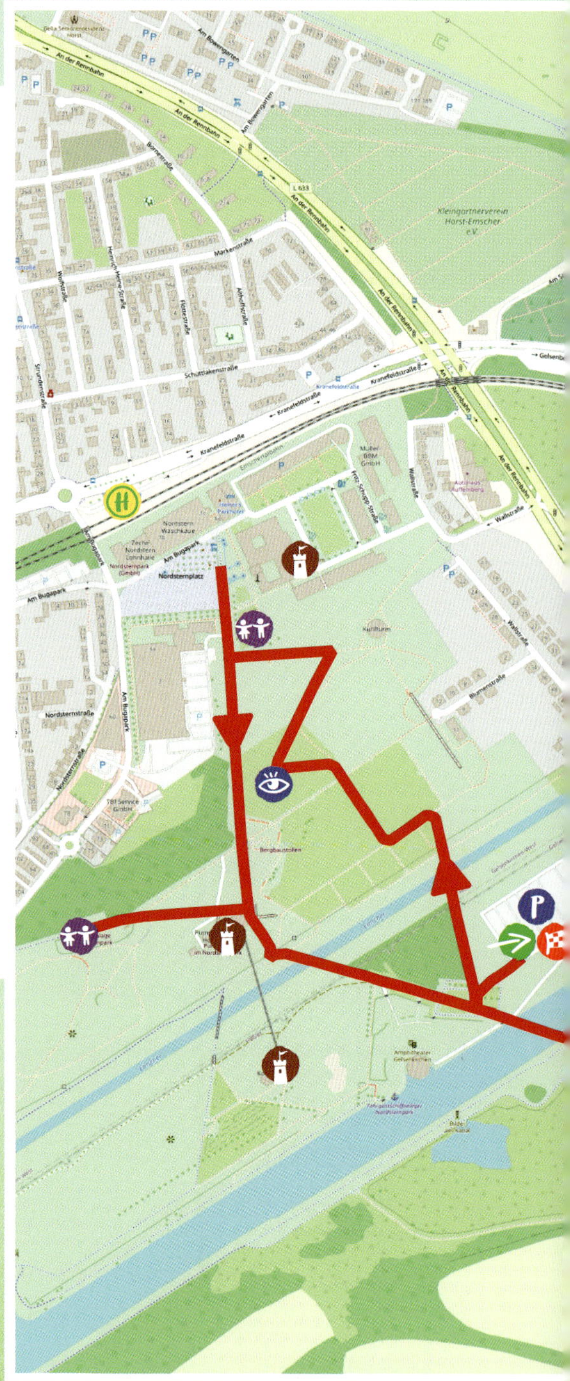

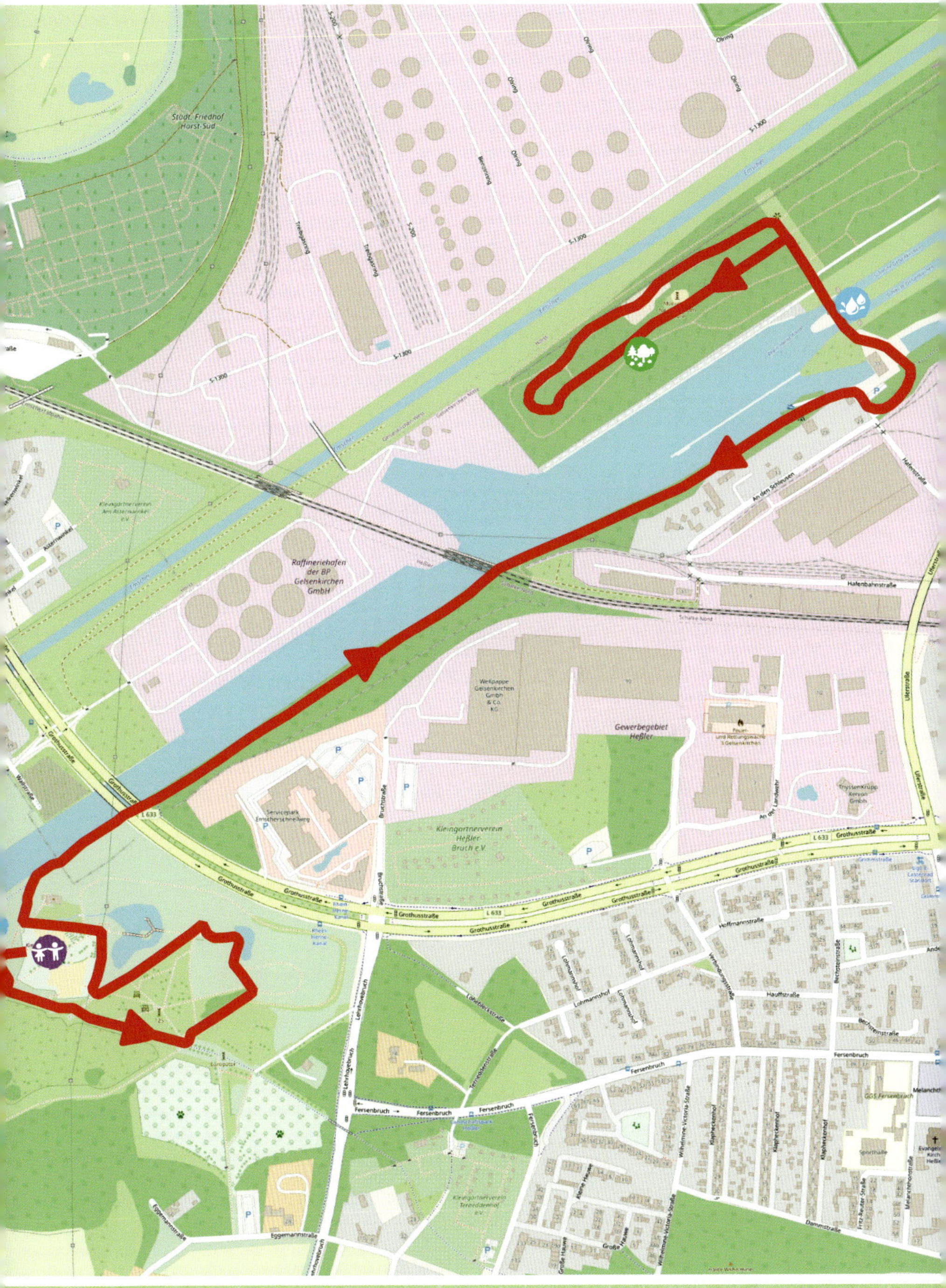
Städt. Friedhof Horst-Süd
Raffineriehafen der BP Gelsenkirchen GmbH
Gewerbegebiet Heßler
Kleingartenverein Heßler-Bruch e.V.
Grothusstraße
Hafenbahnstraße
An den Schleusen
Fersenbruch
Hauffstraße
Hoffmannstraße
Eggemannstraße
Uferstraße

FANTASTISCHES FACHWERK

Eine Spurensuche im Alten Dorf Westerholt

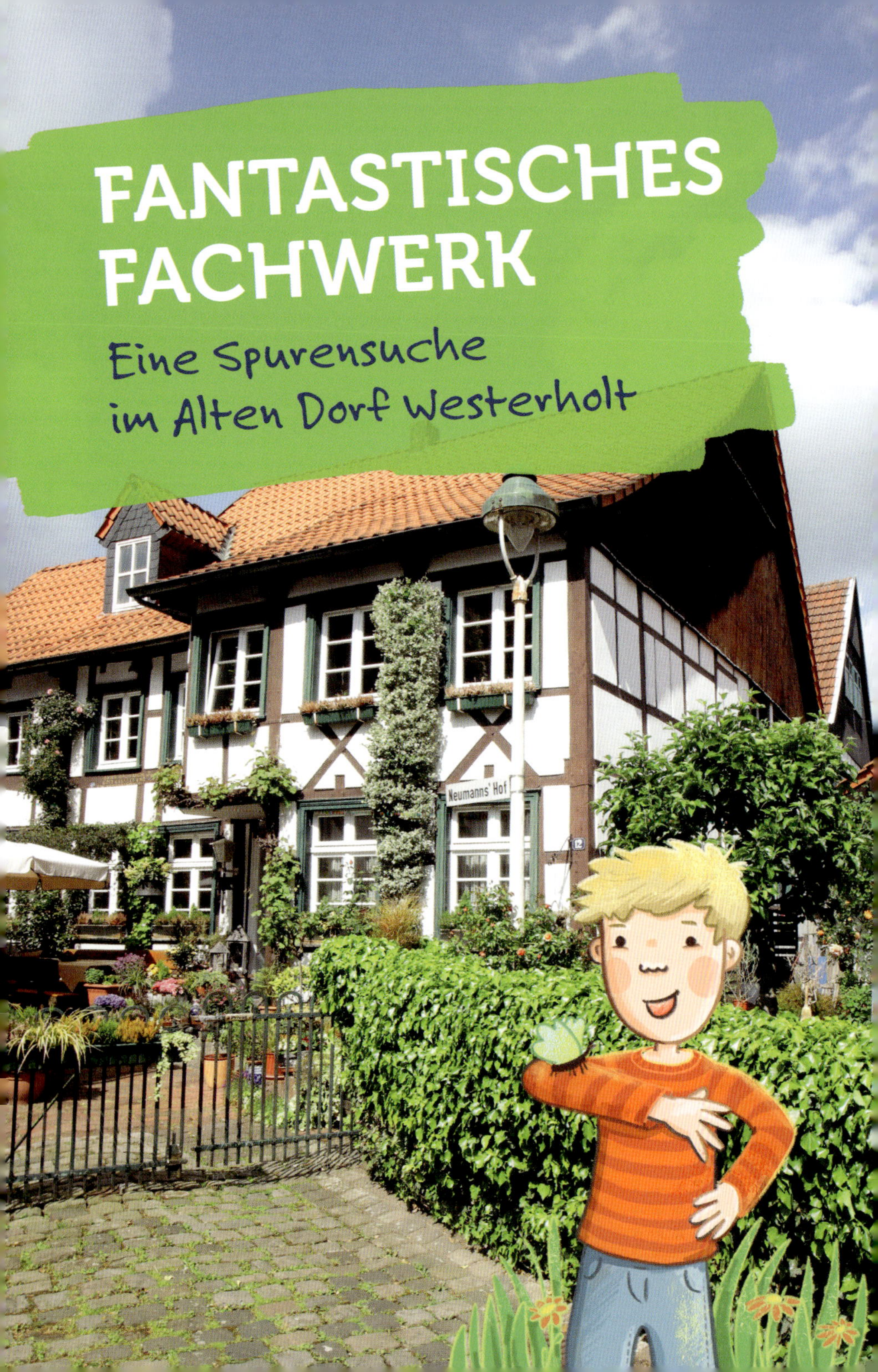

Gewandert am:

Das Wetter heute:

Spaßfaktor:

Hier scheint die Zeit still zu stehen: Die ältesten der über 60 Fachwerkhäuser im Alten Dorf Westerholt wurden vor 420 Jahren gebaut. Man fühlt sich in vergangene Jahrhunderte versetzt angesichts der Häuser, die einst um die Kirche herum wuchsen, nur durch eine Gräfte getrennt vom benachbarten Schloss Westerholt. Die Wanderung führt durch den denkmalgeschützten Ortskern. Anschließend geht es ein Stück in den Wald, durch den ehemaligen Schloss- und Löwenpark und dann am Schloss vorbei zurück in die Dorfmitte.

TOUR 6

1:30 Std. | ca. 4,75 km | 20 m

Start/Ziel: vor der Kirche St. Martinus am Marktplatz Westerholt

Anreise mit ÖPNV: Haltestelle „Schloss Westerholt" der Buslinien 238 oder 211 (ab Hbf Recklinghausen ca. 30 Minuten Fahrt, ab Herten Mitte 10 Minuten, ab Buer Rathaus 25 Minuten)

Anreise mit Pkw: Besucherparkplatz Altes Dorf Westerholt, Mühlenkampstraße, 45701 Herten

Wegbeschaffenheit: Asphalt (einige Straßen mit Kopfsteinpflaster) und Waldwege (können nach Regenphasen matschig sein)

Wegbeschreibung: Wir starten auf dem Westerholter Marktplatz vor dem Eingang der katholischen Kirche St. Martinus, die unter Denkmalschutz steht. Mit ihrer Entstehungszeit zwischen 1901 und 1903 gehört sie noch zu den jüngsten Gebäuden, die es auf dieser Wanderung zu entdecken gilt – ein Teil der Fachwerkhäuser aus dem Alten Dorf Westerholt stammt aus dem 17. Jahrhundert.

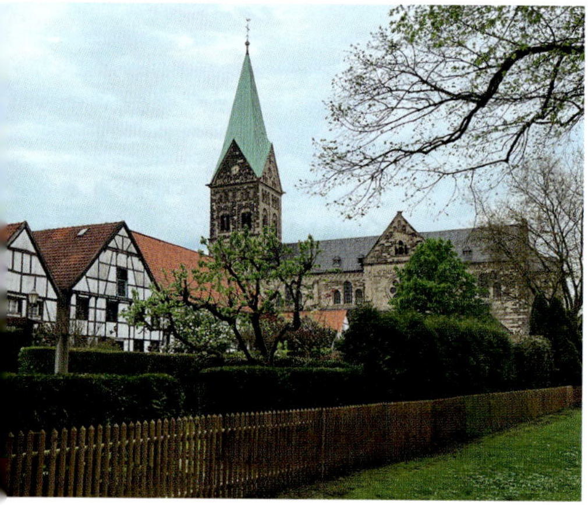

Wir gehen am Eingang vorbei links herum in die Schloßstraße. Links gehen Apostelstraße, Bäckergasse und Kronengasse ab – es empfiehlt sich, alle Gassen einmal abzulaufen und langsam einen Blick für die unterschiedlichen Muster zu gewinnen, die die Fachwerk-Bauweise hervorgebracht hat.

Am Weg

BERGBAUMUSEUM

Am Ende der Schloßstraße links steht das kleine Bergbaumuseum Mühlpforte, das der Knappenverein St. Barbara betreibt. Immer sonntags ist hier geöffnet. Der Eintritt ist frei, und es gibt kostenlose Führungen. Wer Glück hat, begegnet gar einem ehemaligen Bergmann, der noch aus eigenem Erleben von Grubenpferden unter Tage erzählen kann. Ansonsten erwarten die Besucherinnen und Besucher allerlei Exponate aus dem Leben eines Bergmanns – vom „Arschleder" bis zum Presslufthammer. Weiterführende Informationen gibt es unter muehlpforte.com/Bergbaumuseum-Muehlpforte/

Wir gehen am Museum nicht durch das Tor des alten Torhauses der Mühlpforte, das wieder aus dem Alten Dorf herausführt, sondern drehen um und spazieren geradeaus in die Martinistraße. Rechterhand wartet schon die nächste Kirche: Die Schlosskapelle St. Martinus ist der Vorgänger der heutigen Martinus-Kirche. Vom Ursprungsbau aus dem 14. Jahrhundert ist nur die Ruine des Turms erhalten; das hell verputzte Kirchengebäude selbst stammt von 1658.

Ein paar Meter weiter schmückt das 1604 errichtete Haus an der Martinistraße 11 eine Sonnenuhr und ein Uhrenziffernblatt – es ist das Haus mit der ältesten Jahreszahl im Alten Dorf. Wir biegen dort, wo die Martinistraße an die Straße „Freiheit" stößt, in den kleinen Weg zwischen zwei Häuserreihen und staunen über die enge Bebauung. Am Ende geht es über die „Freiheit" rechts herum zurück auf die Martinistraße.

Info

FACHWERK

Das Besondere am Alten Dorf sind seine vielen schönen und gut erhaltenen Fachwerkhäuser. Fachwerkhäuser haben ein Gerüst aus Holzbalken. Man erkennt sie leicht durch ihre schwarze Färbung. Sie werden zuerst aufgebaut. Die Holzbalken liegen waagerecht und senkrecht, manche auch diagonal oder kreuzen sich – das macht das Gerüst besonders stabil. Die Lücken zwischen den Balken – das Fach oder Gefach – werden mit Lehm, Steinen oder Ziegeln ausgefüllt und am Ende meist weiß verputzt. Der Nachteil an Fachwerkhäusern: Sie brennen leicht und schnell, und man kann in der Fachwerk-Bauweise nicht besonders hoch bauen. Daher sind sie eher typisch für Dörfer.

Wir folgen ihr bis zurück auf die Schloßstraße und begegnen unterwegs einer Reihe historischer Häuser mit Inschriften, die unterschiedlich gut zu entziffern sind. „Aus Holz ist dieses Haus gemacht /

Bewahrt sei diese Sitte. / Dass Fried und Freude daraus lacht / ist unseres Herzens Bitte“, heißt es sehr gut lesbar an der Schloßstraße 6b.

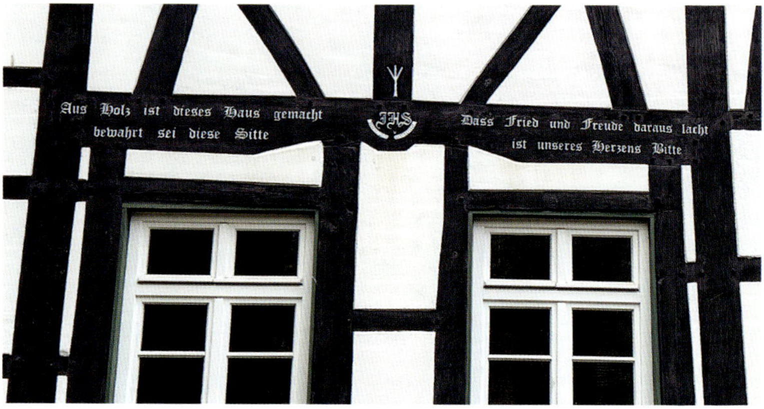

Am Weg

SCHLOSSPARK, LÖWENPARK, FRIEDWALD

Der Wald, der schon seit mehr als 800 Jahren und bis heute den Grafen von Westerholt gehört, besteht vor allem aus Eichen und Buchen, Pappeln, Ahornen und Birken. Ein Teil des Waldes ist ein Friedwald: Unter vielen Bäumen ruht die Asche von Verstorbenen in biologisch abbaubaren Urnen. Die Namen der Verstorbenen und ihre Geburts- und Todesdaten sind auf kleinen Schildern zu lesen, die an den Bäumen angebracht sind – ansonsten ist der Wald komplett naturbelassen. Es ist auch nicht erlaubt, Blumen- oder Grabschmuck abzulegen. Der Friedwald geht nahtlos über in den ehemaligen Löwenpark: Von 1968 bis 1988 lebten teilweise 40 Löwen im Wald des Grafen und konnten sich dort dank hoher Zäune frei bewegen; später kamen auch Bären, Geparden oder Lamas hinzu. Die Besucher beobachteten die Tiere wie bei einer Safari aus ihren Autos heraus.

An der Schloßstraße gehen wir links und gleich wieder links auf die Brandstraße – auch hier gibt es wundervoll restaurierte Fachwerkhäuser. Die Brandstraße führt direkt auf den Parkplatz des Friedwaldes zu. Hier halten wir uns rechts in Richtung Golfplatz, gehen dann aber links auf das Infohäuschen zu, an dem ein Plan des Friedwaldes angeschlagen ist. Wir folgen dem Weg geradeaus durch den Friedwald, von dem immer wieder Erschließungsfelder abgehen. Am Ende geht es rechts und sofort wieder in die erste Möglichkeit links. An der zweiten Möglichkeit führen zwei Wege nach links, wir nehmen den rechten der beiden und gehen geradeaus mitten durch den ehemaligen Löwenpark. An der Wege-Kreuzung geht es weiter geradeaus, ebenso an der nächsten. Am Ende biegen wir links ab und die erste rechts. Es geht nun geradeaus in Richtung Golfplatz.

Am Weg

SCHLOSS WESTERHOLT

Schloss Westerholt liegt am Rande des Westerholter Waldes und ist rundum von einem Wassergraben umgeben. Der heutige Bau stammt aus dem 19. Jahrhundert, wurde 1993 renoviert und beherbergt ein Hotel sowie ein Restaurant. Das Schloss ist bis heute der Stammsitz des Grafengeschlechts von Westerholt, das 1193 erstmals erwähnt wurde und sich später „von Westerholt zu Gysenberg" nannte. Seit der Nachkriegszeit wohnt die gräfliche Familie nicht mehr im Schloss selbst, sondern im benachbarten „Vogelhaus".

Wir laufen direkt auf ein Schlosstor zu und gehen hier links über den Parkplatz des Friedwaldes zurück. Rechterhand liegt ein Spielplatz für kleine Kinder mit Rutsche, einem großen Sandbereich, Schaukeln und Kletterstange. Hier biegen wir rechts ab und gehen entlang des Wassergrabens, der das Schloss umgibt, auf Schloss Westerholt zu. Wir überqueren den Parkplatz des Schlosses und gehen an der Straße links zurück zum Parkplatz.

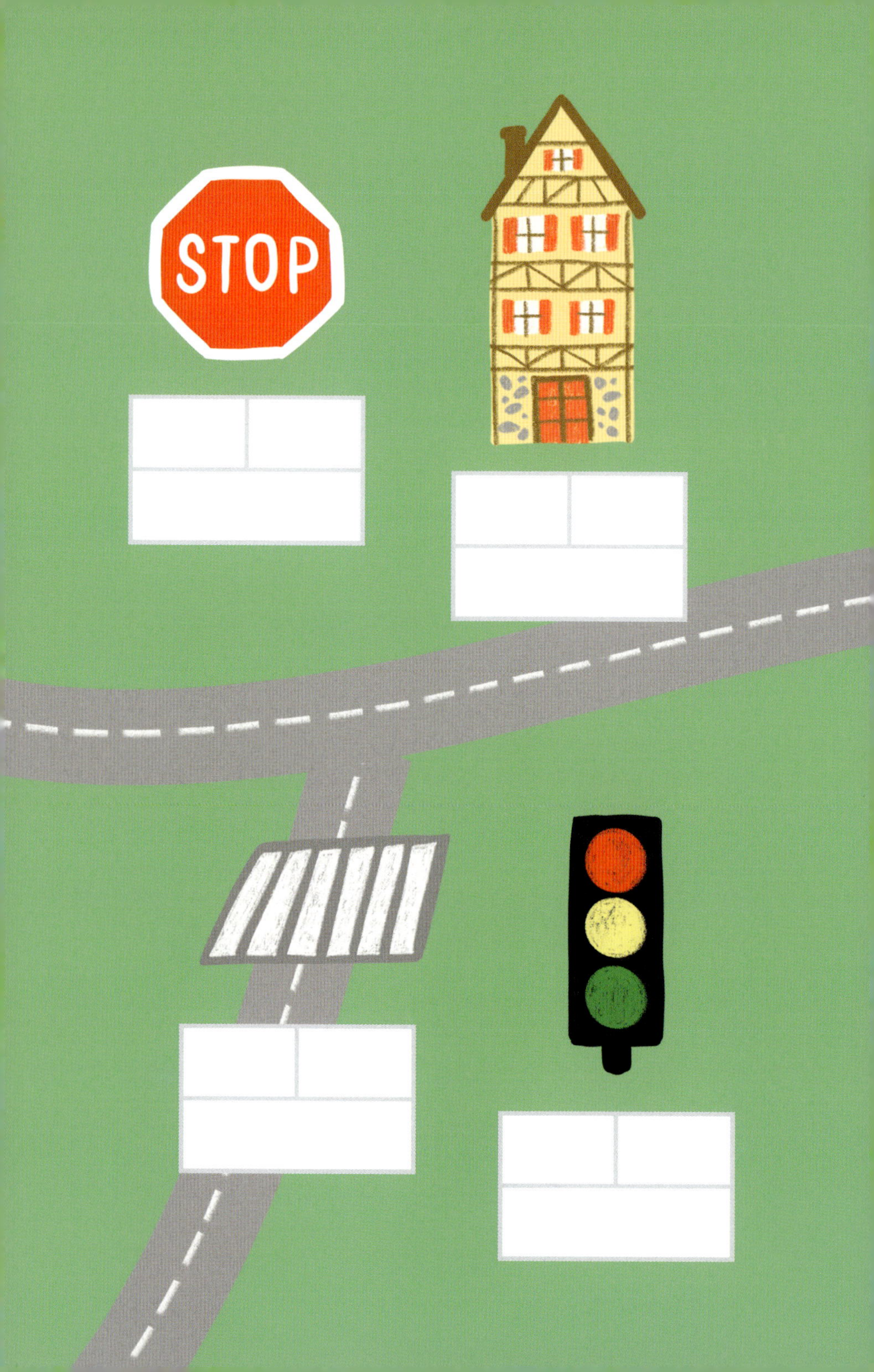
STOP

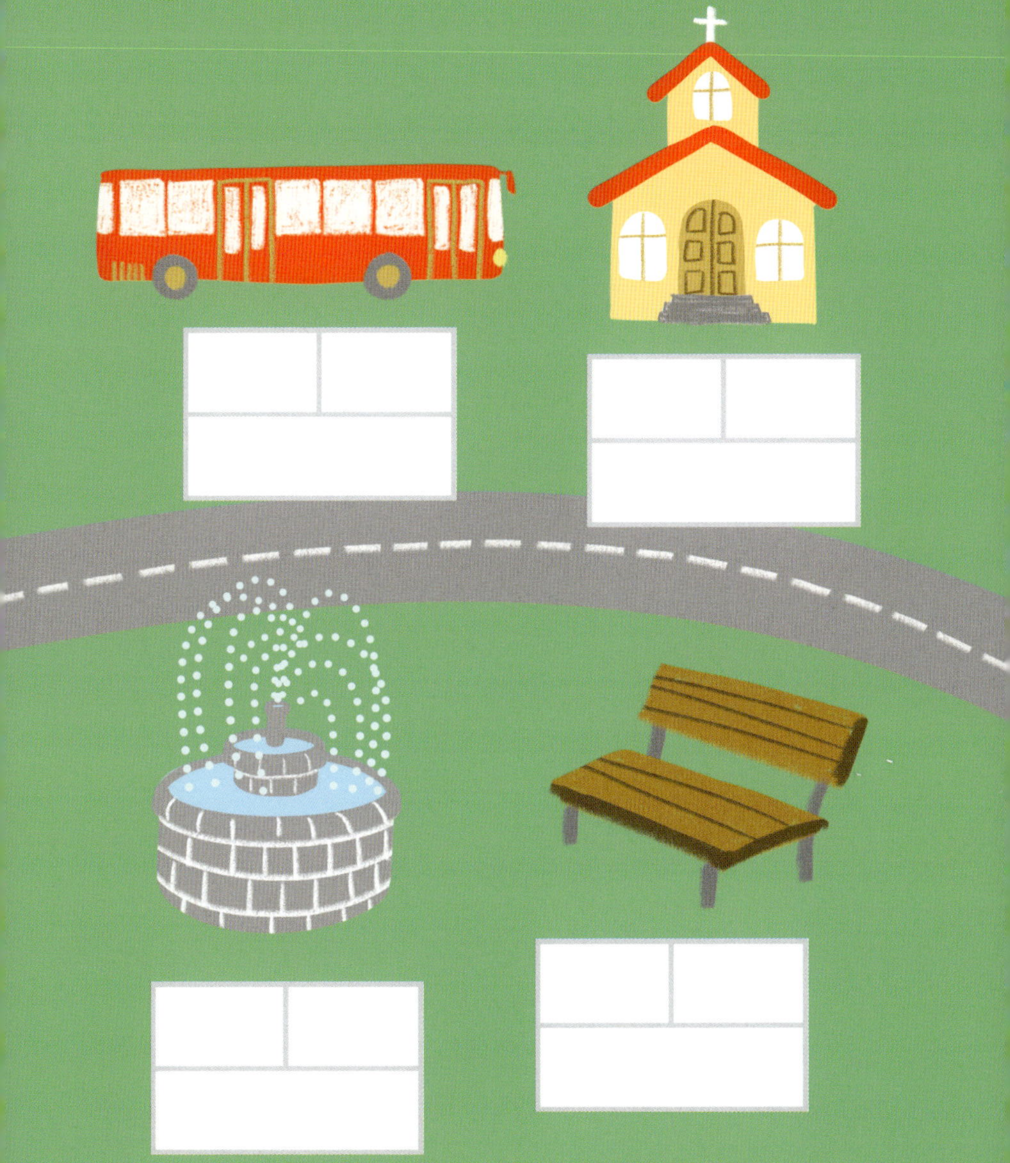

Im Alten Dorf Westerholt gibt es viel zu sehen. Hier könnt ihr eintragen, welche Dinge ihr unterwegs entdeckt habt – und wie viele davon: Fachwerkhäuser gibt es hier einige, aber habt ihr auch einen Brunnen oder einen Zebrastreifen gesehen?

TOUR 6

Startpunkt

Zielpunkt

Parkplatz

Haltestelle

Burgen/
Schlösser/
Historische Orte

Naturerlebnis

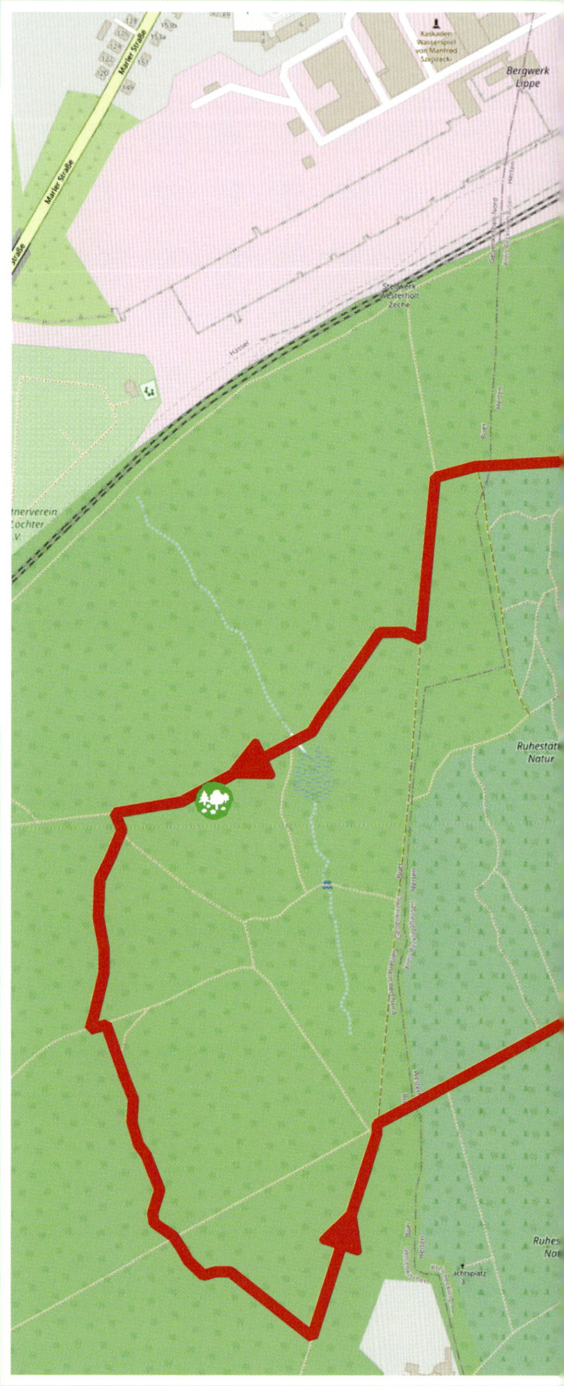

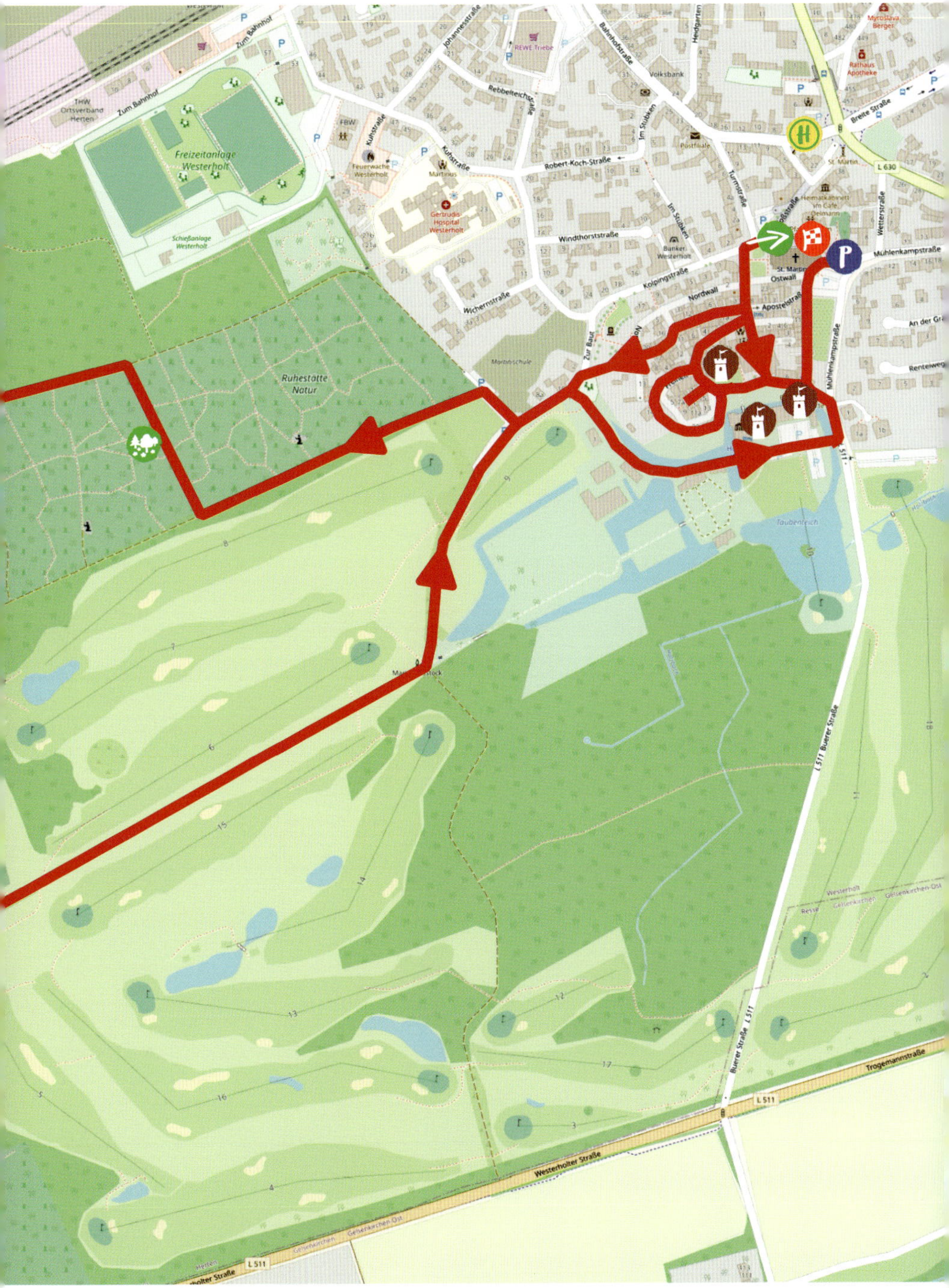

FARBENSAMMELN AUF FELD, WALD UND WIESE

Vom Gysenbergpark ins Naturschutzgebiet

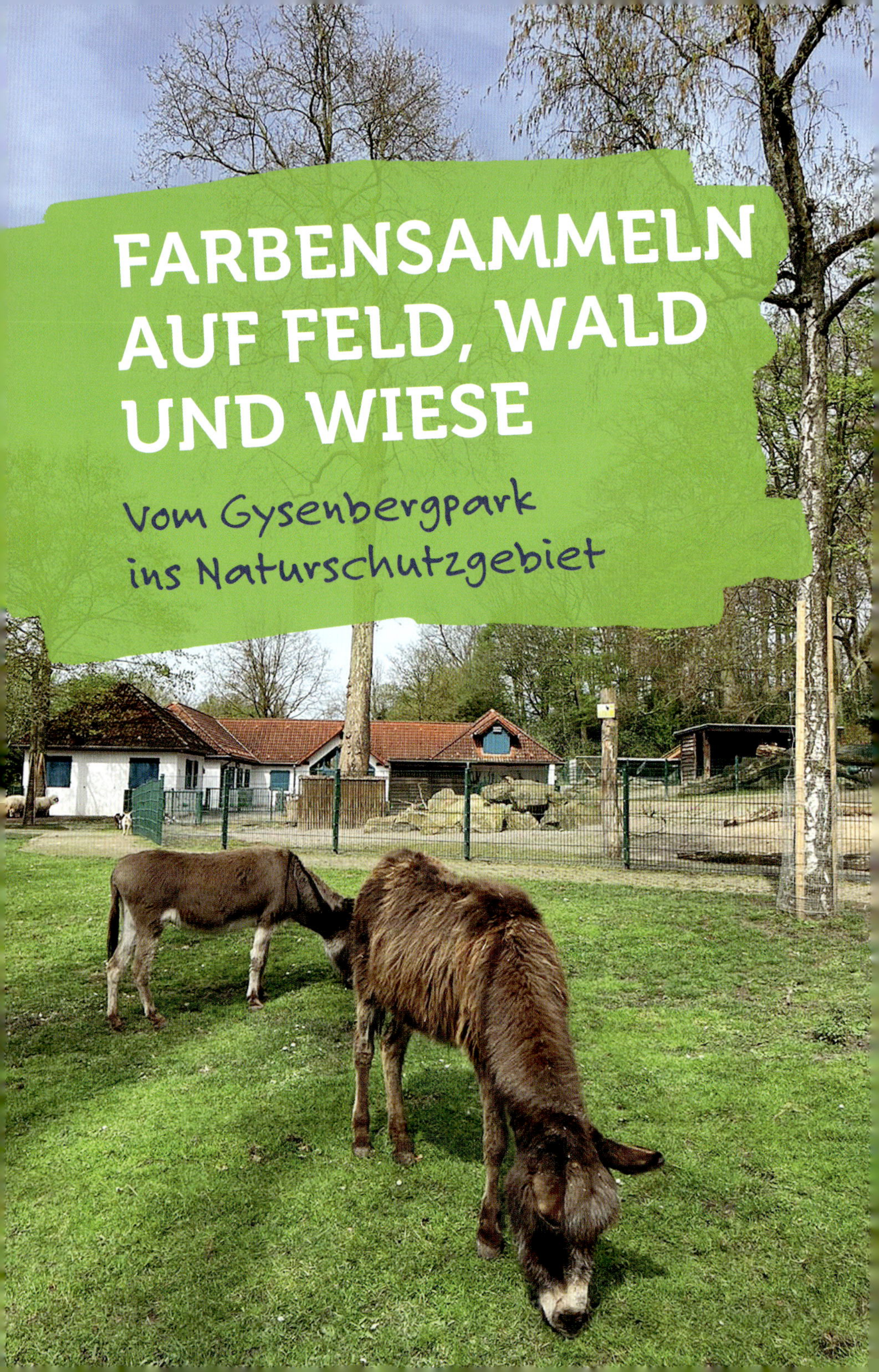

Gewandert am:

Das Wetter heute:

☐ ☐ ☐

Spaßfaktor: ☆☆☆☆☆

Diese Wanderung bietet einfach alles: Spiel und Spaß im Park, Tiere, Pflanzen und viel Natur. Dabei geht es vom Park über Felder in den Wald – und das mitten in der Stadt! Eine bunte Mischung also, auf der man viele farbige Eindrücke sammeln kann. Ausgangspunkt ist der Gysenbergpark, den wir in seinen Randbereichen kennenlernen – zwei Spielplätze und der Tierpark liegen trotzdem auf dem Weg. Wer mag, kann hier natürlich deutlich länger verweilen. Erstaunlich schnell gelangen wir von diesem beliebten Ausflugsziel über Reit- und Feldwege ins Naturschutzgebiet Langeloh – und zurück. Der Rundweg lässt sich kurz vor dem Naturschutzgebiet auch abkürzen.

TOUR 7

2 bis 3 Std. | ca. 5,6 bis 8,5 km | 110 m

Start/Ziel: Gysenberghalle

Anreise mit ÖPNV: Haltestelle „Gysenberghalle“ der Buslinie 324 (ab Bahnhof Herne ca. 15 Minuten Fahrt)

Anreise mit Pkw: Parkplatz „Am Gysenbergpark“ (kostenlos), 44627 Herne

Wegbeschaffenheit: Im Park befestigte Wege, Feld- und Waldwege nach Regenphasen teils matschig

Wegbeschreibung: Direkt an der Sporthalle Gysenberg gegenüber dem Parkplatz geht es in den Gysenbergpark. Wir biegen links ab und sehen rechts auf einer Wiese bereits einen Spielplatz. Über den Weg, der über die Wiese führt, gehen wir darauf zu und bleiben dort im Wortsinn erstmal hängen: Der Spielplatz bietet mit einer Seilbahn und einem Kletterturm, Schaukeln, Sandrutsche und Karussell viel Abwechslung!

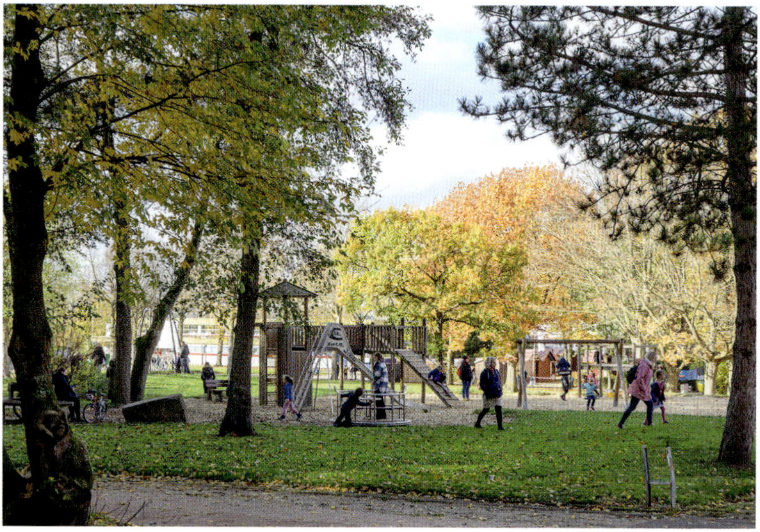

Direkt am Eingang liegt der erste Spielplatz.

Hinter dem Spielplatz ist schon der Tierpark ausgeschildert. Wir folgen dem Schild und biegen rechts ab, direkt auf die Fachwerkhäuser zu. Dort geht es links die Treppen hoch, dann rechts und wieder links. Nun sehen wir rechterhand den Bahnhof für die Kindereisenbahn „Jolante", die auf ihrer Fahrt eine kleine Acht beschreibt.

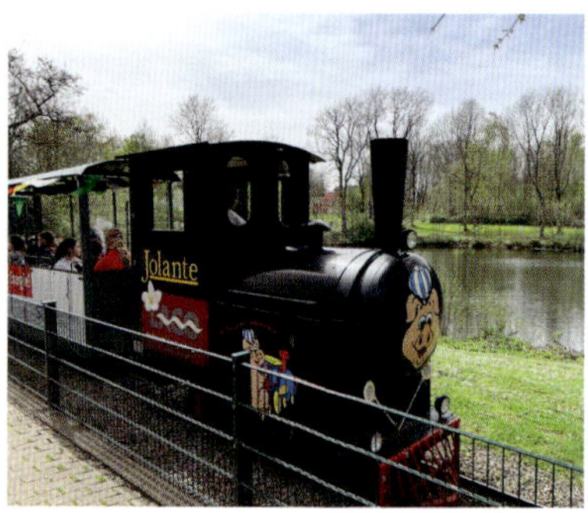

Am Weg

REVIERPARK

Der Gysenbergpark ist der älteste von fünf Revierparks. Sie wurden in den 1970er Jahren angelegt, um vor allem den Kindern im grauen Ruhrgebiet Freizeitmöglichkeiten im Grünen zu bieten. Zum Park gehören ein Schwimmbad sowie im Winter eine Eissporthalle. Die meisten Angebote sind jedoch kostenlos: Es gibt einen Tierpark und viele Spiel- und Sportplätze, darunter einen „Pumptrack", den man mit Fahrrad, Roller, Skateboard, Inlinern oder dem Laufrad bezwingen kann.

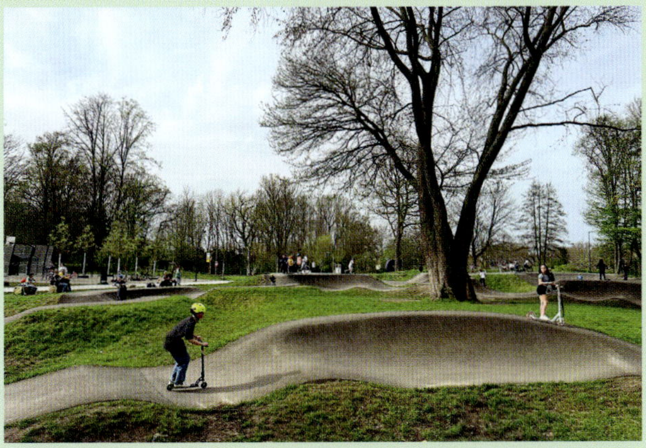

Beim Spaziergang durch den Park erfährt man mehr über Schmetterlinge, entdeckt eine Streuobstwiese oder lernt die Geheimnisse der Bionik kennen – also wie Forscherinnen und Forscher die Eigenschaften der Natur für neue Erfindungen nutzen.

Wenige Schritte darauf erreichen wir den Tierpark mit Streichelzoo. Dort leben Alpakas, Esel, Enten und Hühner, Ziegen und Schafe.

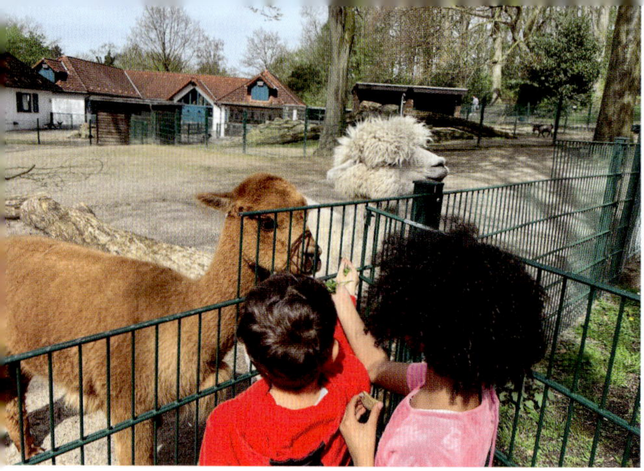

Zurück auf dem Weg lassen wir das Forsthaus links liegen und gehen geradeaus weiter.

Hinter dem Forsthaus beginnt der Waldweg. Schon nach wenigen Metern haben wir den Trubel des Revierparks hinter uns gelassen, wir hören die Vögel zwitschern, der Weg wird wild-romantisch. Er führt entlang des Ostbachs, der rechts von uns fließt, und einer Böschung auf der linken Seite.

An der ersten Gabelung geht es links leicht hinauf. Dann halten wir uns rechts und biegen an der Kreuzung erneut rechts auf den breiten Weg. Am Ende folgen wir links dem Reiterweg, auf dem die Chancen gut stehen, Reiterinnen und Reitern zu begegnen. Der Weg führt zwischen zwei Felder hindurch. Am Ende geht es kurz links auf die Gerther Straße und sofort die erste wieder rechts auf einen Fußweg, der auf freiem Feld ins Naturschutzgebiet Langeloh führt. Es verbindet Herne mit Castrop-Rauxel.

Rechts staut sich der Langelohbach zu einem kleinen Teich, kurz dahinter liegt ein Reiterhof.

Abkürzung

Hier besteht die Möglichkeit, die Runde auf 5,6 Kilometer abzukürzen. Dafür nun links abbiegen auf die Oestrichstraße und bei der zweiten Möglichkeit links abbiegen auf die Langestraße. Am Ende rechts auf die Gerther Straße, dann links auf die Sodinger

Straße. Nun kommt das Freizeitbad „Lago" in den Blick, es geht links in die Straße Am Ruhmbach und rechts am Lago vorbei zurück in den Revierpark und in Richtung Parkplatz.

Wer noch Kondition hat wie wir, geht am Reiterhof rechts und wieder links in die Holthauser Straße auf einen Fuß- und Reitweg, der parallel zur Straße verläuft.
An der Kreuzung mit der Straße Kray laufen wir weiter geradeaus und biegen in den Weg links neben dem Privatweg ein. Am Ende der Gärten biegen wir am Schild „Naturschutzgebiet" rechts ab in einen Waldweg, der leicht bergab führt. Es geht die erste links ab und dann rechts. Wir überqueren eine Holzbrücke. Hinter der Brücke biegen wir links ab und laufen nun oberhalb des Roßbachs bis zu einer Kreuzung hinter einer Holzbank, an der wir links abbiegen und erneut über eine Holzbrücke den Bach überqueren. Nun kommt eine Treppe, die wir hinauf laufen. Etwa die Hälfte ist nun geschafft!
Wir gehen geradeaus, am Ende rechts und immer geradeaus. Die Straße wird zur Holthauser Straße. Wir folgen ihr einige Meter, bis es links in eine mit einem Kreis-Symbol des Sauerländischen Gebirgsvereins markierte Straße geht, die am Ende links zur Lange Straße wird. Ihr folgen wir und treffen unterwegs auf weitere Pferdehöfe. An der Kreuzung mit der Oestrichstraße geht es weiter geradeaus und am Ende rechts auf die Gerther Straße, dann links auf die Sodinger Straße.
Nun kommt das Freizeitbad „Lago" in den Blick, wir biegen Am Ruhmbach links ab und gehen rechts am Lago vorbei auf den „Familienpark Herne" zu, in dem man gegen einige Münzen automatisiert laufende Fahrgeschäfte in Gang setzen kann. Schon sind wir wieder im Revierpark. Es warten noch ein Pumptrack, also ein Parcours für Skater, Roller oder Radfahrer, sowie ein weiterer Spielplatz mit Tunnelrutsche, Schaukeln und Boulder-Möglichkeit. Kurz dahinter geht es rechts wieder hinaus aus dem Park und zurück zum Parkplatz oder der Bushaltestelle.

Hier seht ihr einen Farbkreis. Eure Aufgabe ist es, bei der Wanderung Farben zu sammeln: Findet ihr unterwegs für jede Farbe im Farbkreis etwas in der Natur? Blumen, Blätter, Holz, Gräser … Haltet die Augen offen!

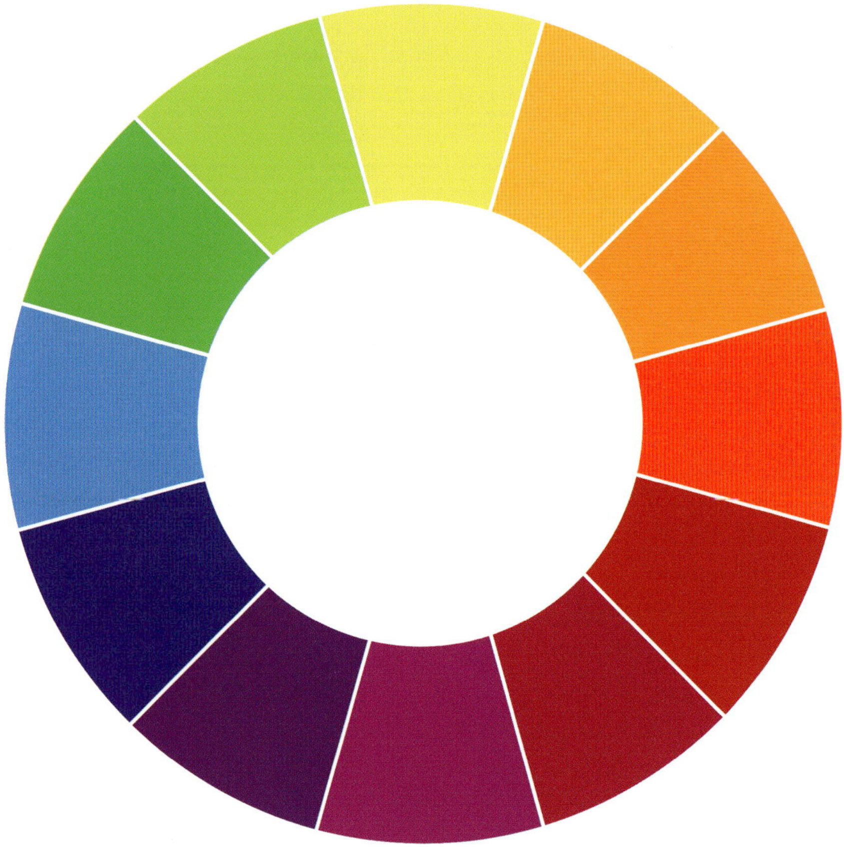

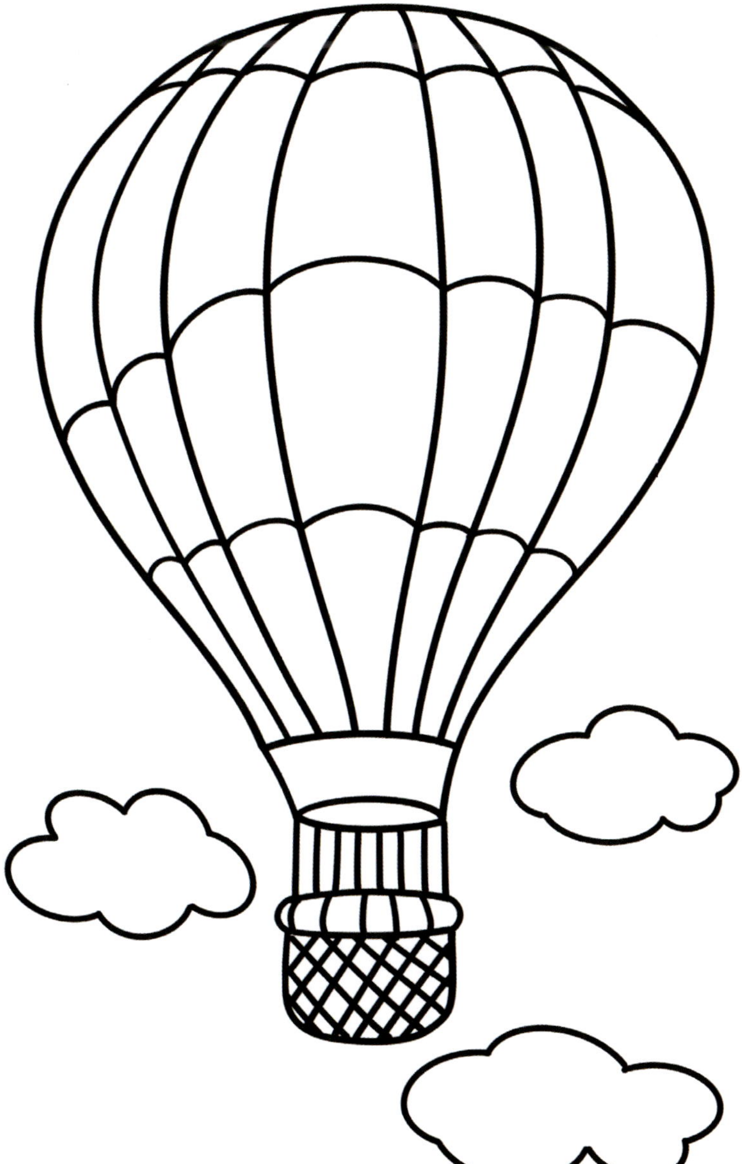

Der Heißluftballon ist noch etwas farblos.
Ihr könnt ihn in euren Lieblingsfarben oder
ganz bunt anmalen! Oder ihr verwendet die
Farben, die euch unterwegs begegnet sind?
Viel Spaß beim Gestalten!

TOUR 7

Startpunkt

Zielpunkt

Parkplatz

Haltestelle

Spiel & Spaß

Gastronomie

Naturerlebnis

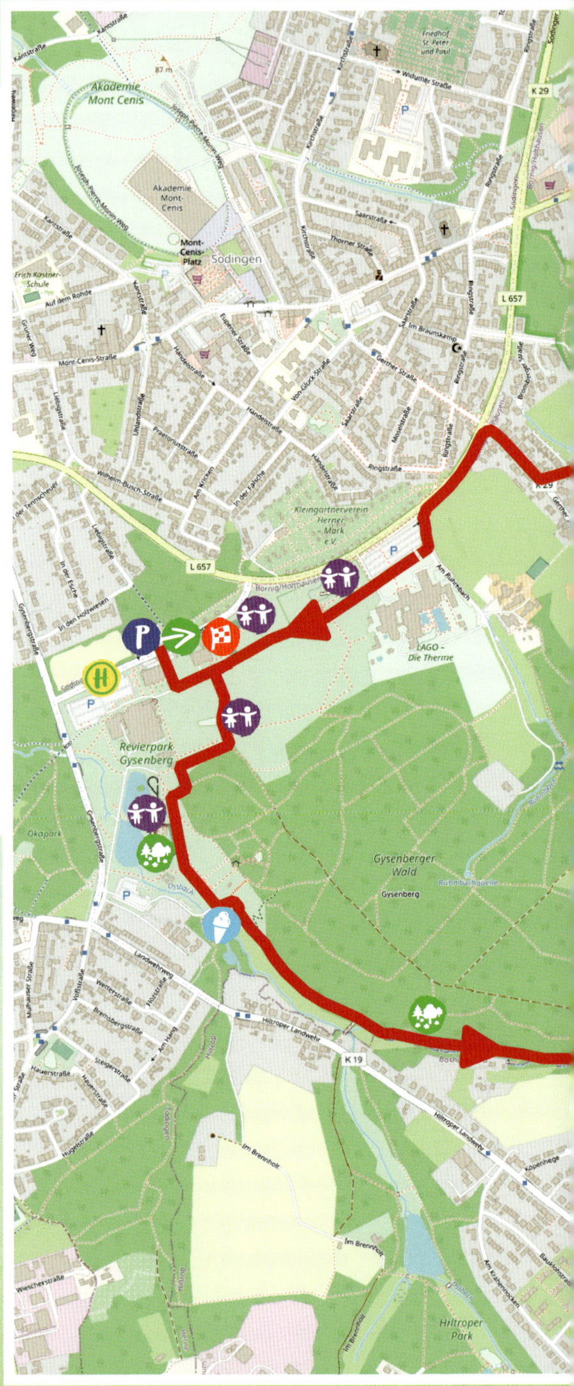

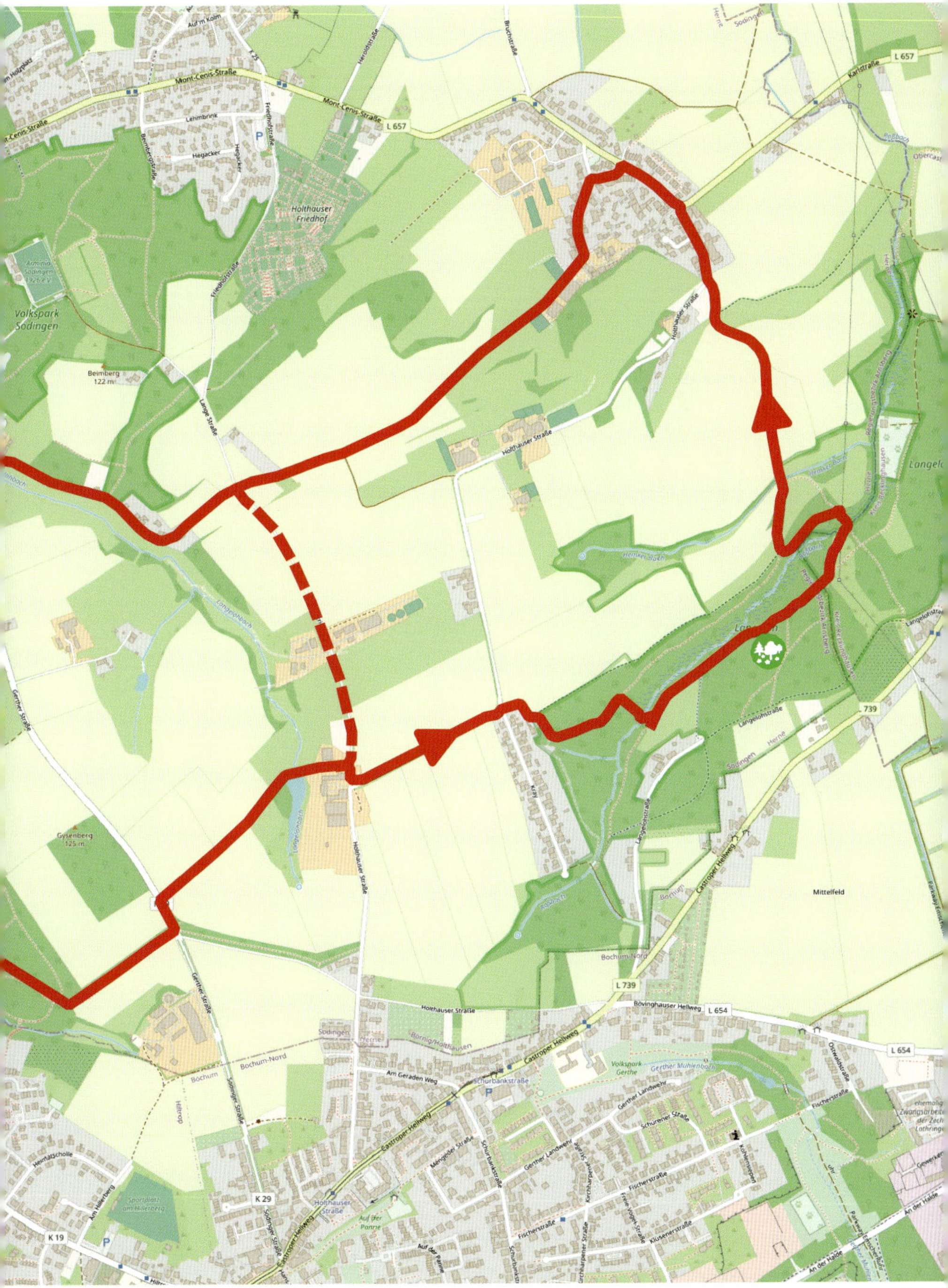
Mont-Cenis-Straße
L 657
Holthauser Friedhof
Volkspark Sodingen
Beimberg 122 m
Holthauser Straße
Langelohbach
Gysenberg 125 m
Gerther Straße
Holthauser Straße
Langelohstraße
Castroper Hellweg
L 739
Mittelfeld
Bövinghauser Hellweg
L 654
Bochum-Nord
Am Geraden Weg
Schurbankstraße
Fischerstraße
K 29
K 19
Sportplatz am Hillerberg
Volkspark Gerthe
Gerther Mühlenbach
Karlstraße

BOCHUMS BOTANIK

Den Pflanzen auf der Spur

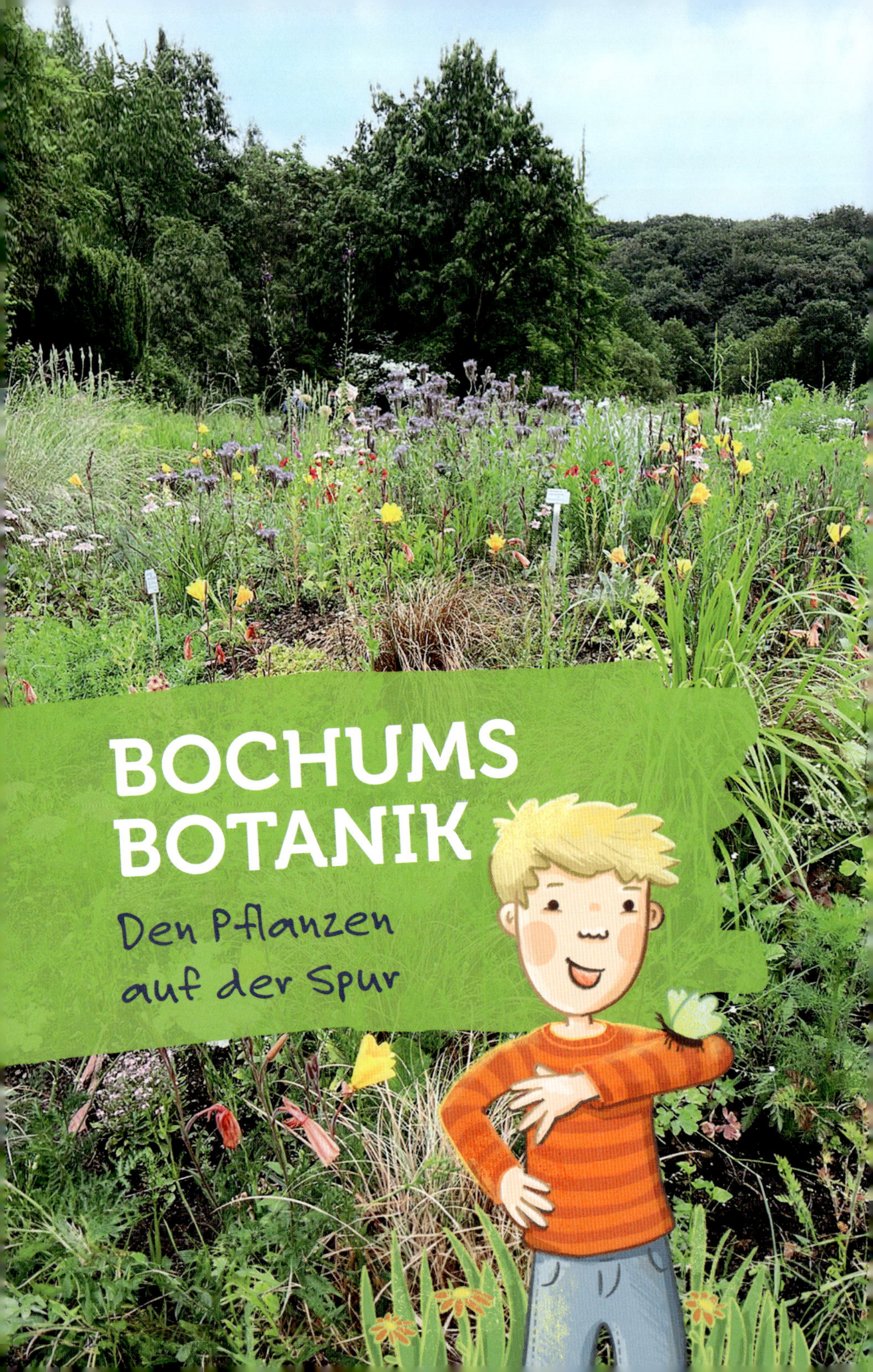

Gewandert am:

Das Wetter heute:

☐ ☐ ☐

Spaßfaktor: ☆☆☆☆☆

Dieser wundersame Weg ist vielseitig wie ein bunter Blumenstrauß: Er startet in einer denkmalgeschützten Beton-Wüste, führt zu Pflanzen aus aller Welt, schlängelt sich hinunter durch den Wald bis an die Ruhr – und bergauf wieder zurück. Die Wanderung verbindet die Ruhr-Universität Bochum mit ihrem namensgebenden Fluss, der Ruhr – dazwischen liegt der wunderschöne Botanische Garten. Eine Wanderung der Kontraste.

TOUR 8

2 Std. | 7,3 km | 130 m

Start/Ziel: Unibrücke (Dr.-Gerhard-Petschelt-Brücke), Ruhr-Universität Bochum

Anreise mit ÖPNV: U-Bahn 35 bis Ruhr-Universität (10 Minuten von Bochum Hbf)

Anreise mit Pkw: Universitätsstraße 150, 44801 Bochum (Parkausschilderung folgen)

Wegbeschaffenheit: Asphalt, Waldwege

Wegbeschreibung: Natürlich könnte man diese Wanderung auch direkt am Botanischen Garten beginnen. Wer jedoch erleben will, wie Städteplaner in den 1960er-Jahren Bochums Wandel von der Bergbau- zur Bildungsstadt mit viel Beton in die Landschaft gepflanzt haben, sollte einen kleinen Campus-Rundgang einbauen.

Die Unibrücke befindet sich direkt oberhalb der U-Bahn-Haltestelle Ruhr-Universität. Wir lassen das Uni-Center hinter uns und gehen über die Brücke, die über die Universitätsstraße führt und den Uni-Campus mit der Stadt verbindet. Geradeaus liegt die Universitätsbibliothek. Wir gehen rechts am Gebäude vorbei und die Treppen hinunter auf das Audimax zu. Im „Meer des Wissens", das der Architekt als Leitmotiv gesetzt hat, soll dieser größte Hörsaal an eine Muschel erinnern.

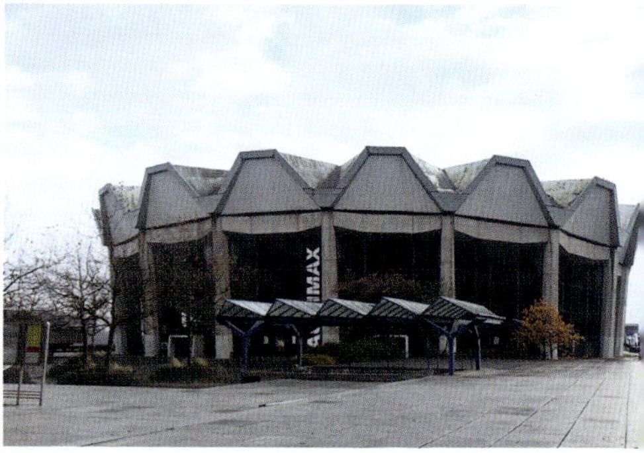

Das Audimax der Ruhr-Uni

Am Audimax geht es die Treppen hinunter. Dabei haben wir bereits einen weiten Blick ins Ruhrtal, das wir nun ansteuern. Ganz unten am Parkplatz angekommen gehen wir links und folgen der Beschilderung zum Botanischen Garten, der am Hang zwischen Uni und Lottental liegt.

Dort kann man sich beliebig lange aufhalten. Drei Highlights sollte man im Botanischen Garten aber auf keinen Fall verpassen: den Chinesischen Gar-

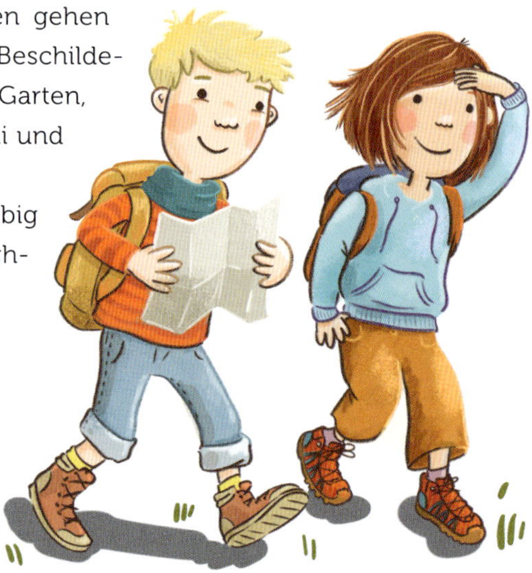

Am Weg

PFLANZEN DER SUPERLATIVE

Auf 13 Hektar beherbergt der Botanische Garten über 10.000 Pflanzenarten und gehört damit zu den größten in Deutschland. Drei besondere Bewohner: Der Titanwurz gehört zu den skurrilsten Pflanzen. Seine Blüte stinkt erbärmlich nach faulen Eiern und schwitzigen Turnschuhen – er blüht aber nur alle vier bis fünf Jahre und dann auch nur etwa einen Tag.
Die ostafrikanische Wunderbeere enthält den Wirkstoff „Miraculin", der unseren Geschmackssinn verrücktspielen lässt: Saures oder Bitteres schmeckt plötzlich zuckersüß.
Die wundersame Welwitschia mirabilis aus der Namib-Wüste in Afrika produziert nur zwei Laubblätter, die sie ihr Leben lang behält. Sie können mehrere Meter lang werden.

ten, die Pflanzenschauhäuser und den Tertiärteich! In den Schauhäusern leben exotische Pflanzen aus verschiedenen Vegetationszonen: Im Tropenhaus begegnen wir Kakaobaum, Vanille und Kaffeestrauch, im Wüstenhaus einer kuriosen Kakteen-Vielfalt, und im Savannenhaus der Paradiesvogelblume, die tatsächlich an einen exotischen Vogel erinnert.

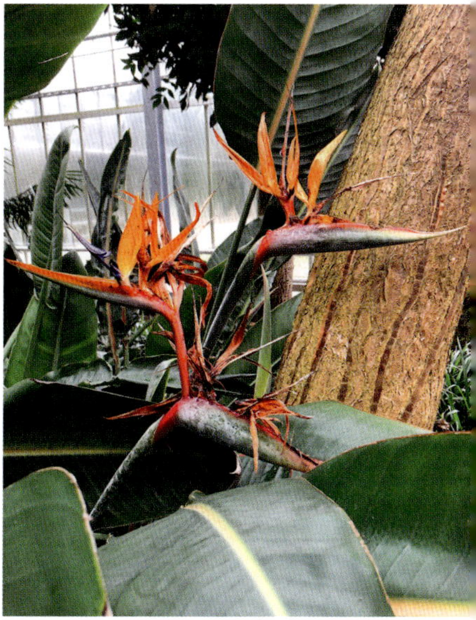

Der fast unwirklich grün leuchtende Tertiärteich gibt einen Eindruck davon, wie es in dieser Region vor ca. 20 Millionen Jahren aussah. Damals war es im Durchschnitt doppelt so warm wie heute, und am Wasser wuchsen unter anderem Sumpfzypressen mit ihren charakteristischen Wurzelknorren, die über der Wasseroberfläche auftauchen.

Wir verlassen den Botanischen Garten über den ausgeschilderten Ausgang Kalwes – er liegt, von den Pflanzenschauhäusern aus gesehen, am entgegengesetzten Ende, unweit des Chinesischen

Am Weg

CHINESISCHER GARTEN

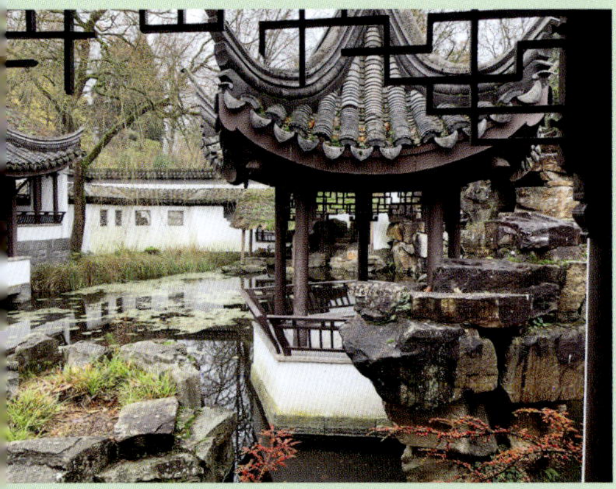

Spezialisten aus China haben diesen Garten angelegt, den die Partner-Universität aus Shanghai den Bochumern 1990 geschenkt hatte. Er ist etwas ganz Besonderes: eine Anlage im südchinesischen Stil und einer der authentischsten chinesischen Gärten außerhalb von Asien. Die schlichten Baumaterialien – weißer Naturstein, Holz und Ziegel – lassen die Pflanzen und die dargestellten Mini-Landschaften nur noch stärker wirken. Beim Gang durch den Wandelgang des Gartens gibt es immer wieder überraschende Ein- und Ausblicke durch kunstvoll gestaltete Fenster, begegnen uns verborgene Nischen und plätschernde Brunnen, wir treffen auf schroffe Felsen und holprige Bergpfade, landen in einer dunklen Quellhöhle und genießen den Blick auf einen Teich in einem lauschigen, von einem Kranich gekrönten Pavillon – und das alles auf 1000 Quadratmetern!

Gartens und ist über mehrere Treppen erreichbar. Hinter dem Ausgang überqueren wir rechts den Lottentaler Teich und biegen dann rechts ab. Der Weg mündet an der Straße Im Lottental. Hier biegen wir links ab und folgen der Rechtskurve. Gegenüber eines verfallenden Backsteingebäudes – ein Relikt der Zeche Klosterbusch, die 1961, ein Jahr vor Gründung der Ruhr-Uni, die Förderung eingestellt hat – geht zwischen zwei Wohnhäusern ein Fußweg ab. Dort biegen wir rechts ab und betreten das Naturschutzgebiet „Waldsiepen Hevener Straße".

Der Weg führt bergauf, nach Regentagen kann er etwas matschig sein. Wir laufen auf ein Feld zu. Schließlich wird der Weg zu einem Trampelpfad, der quer über eine Wiese auf die Hevener Straße zuführt. Wir überqueren diese Straße und gehen auf einer Allee weiter in Richtung Ruhr. In der Kurve können wir die Ruhr und die in der Marina Heveney liegenden Boote bereits sehen. Wir biegen an der Gabelung links ab. Der Weg führt nun oberhalb der Ruhr entlang und erlaubt immer wieder schöne Aussichten ins Tal. Er mündet schließlich in Treppen, die uns hinunterführen bis ans Wasser, direkt auf einen Spielplatz zu.

Wir wenden uns nach links und biegen gleich hinter der Wassersportschule Kemnade erneut links ab. Wir laufen auf ein Restau-

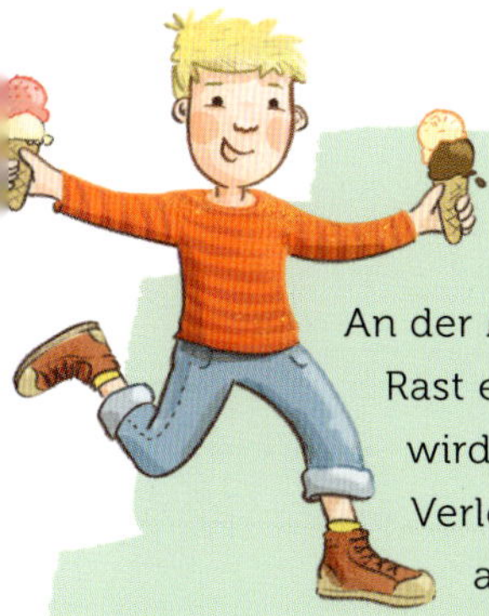

Tipp

MARINA HEVENEY

An der Marina Heveney kann man prima eine kleine Rast einlegen, bei der es bestimmt nicht langweilig wird. Neben dem Spielplatz gibt es einen Tretboot-Verleih, der mit bunten Tierfiguren zum Wasserausflug einlädt, außerdem für die Großen ein Beach-Volleyballfeld und eine Strandbar, in der man natürlich auch ein leckeres Eis bekommt.

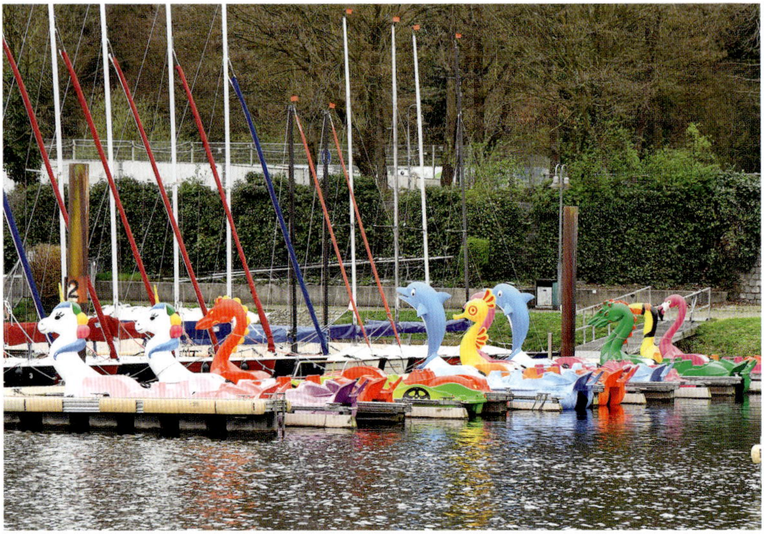

Bunte Tretboote mit originellen Galionsfiguren im Segelhafen Heveney

rant zu und biegen dort rechts ein in die Straße Im Lottental, der wir ein kurzes Stück folgen. Vorsicht, es gibt dort keinen Fußweg! Wir halten uns links der Straße auf einem Trampelpfad durch den Rasen, bis wir an einem hölzernen Laternenmast ein Hinweisschild des sauerländischen Gebirgsvereins sehen: ein weißes U auf schwarzem Grund. Hier biegen wir in einen sehr unscheinbaren Fußweg ab, der rechts in den Wald führt. Es geht nun eine Weile recht steil bergauf. Der Hauptweg beschreibt eine S-Kurve. An der Gabelung gehen wir links weiter bergauf. Wir folgen immer dem Symbol „U", gehen an der nächsten Gabelung links und gleich wieder rechts. Am Ende gelangen wir aus dem Wald und laufen links über eine Brücke. An der nächsten Abzweigung führt rechts an einem kleinen Betongebäude eine unscheinbare Treppe wieder hinauf. Und schon sind wir zurück auf dem Universitätsgelände, auf der Straße N-Süd. Wir gehen links und folgen der Straße zurück. Dazu gehen wir die Treppen wieder bis ganz hinauf und landen neben dem Audimax. Wir gehen am Audimax vorbei, geradeaus und an der Universitätsbibliothek die Treppen hoch, um wieder auf die Uni-Brücke zu gelangen.

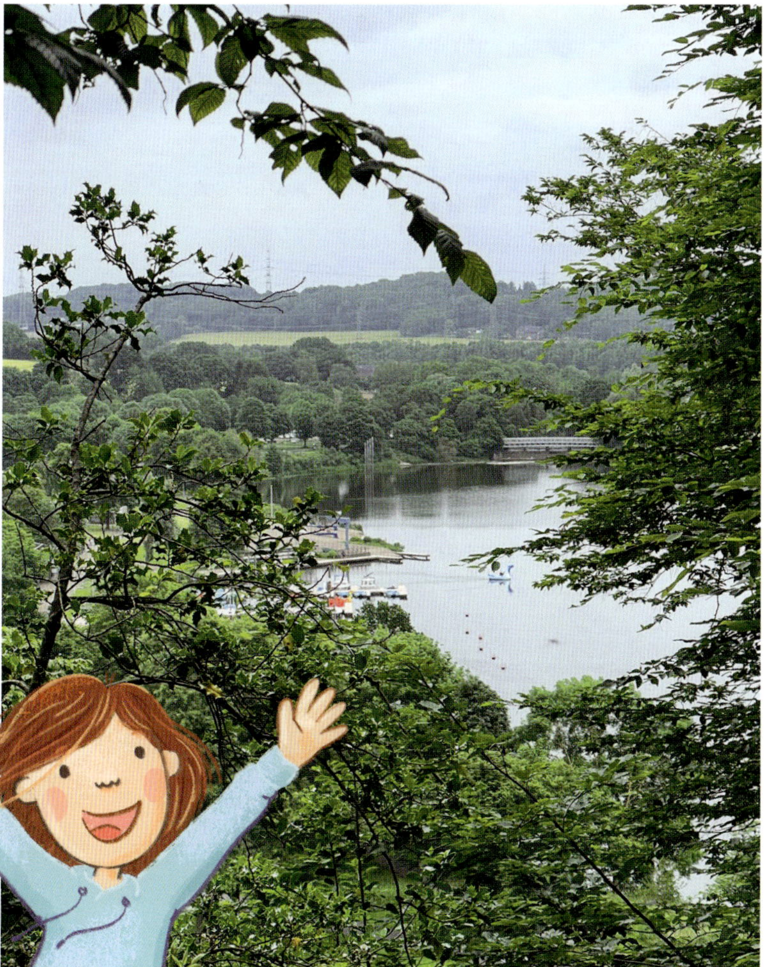

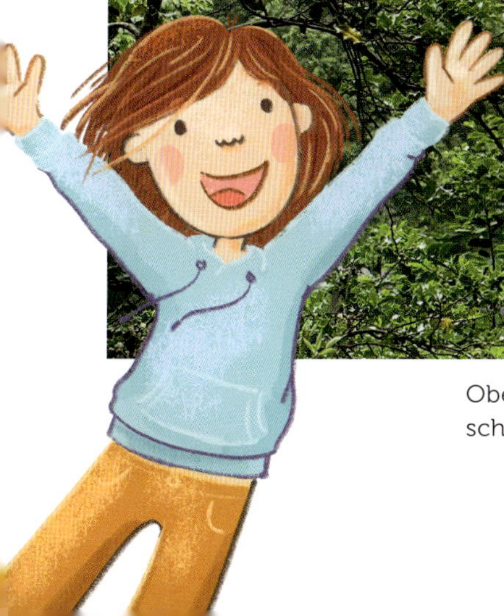

Oberhalb der Ruhr gibt es schöne Aussichten ins Tal.

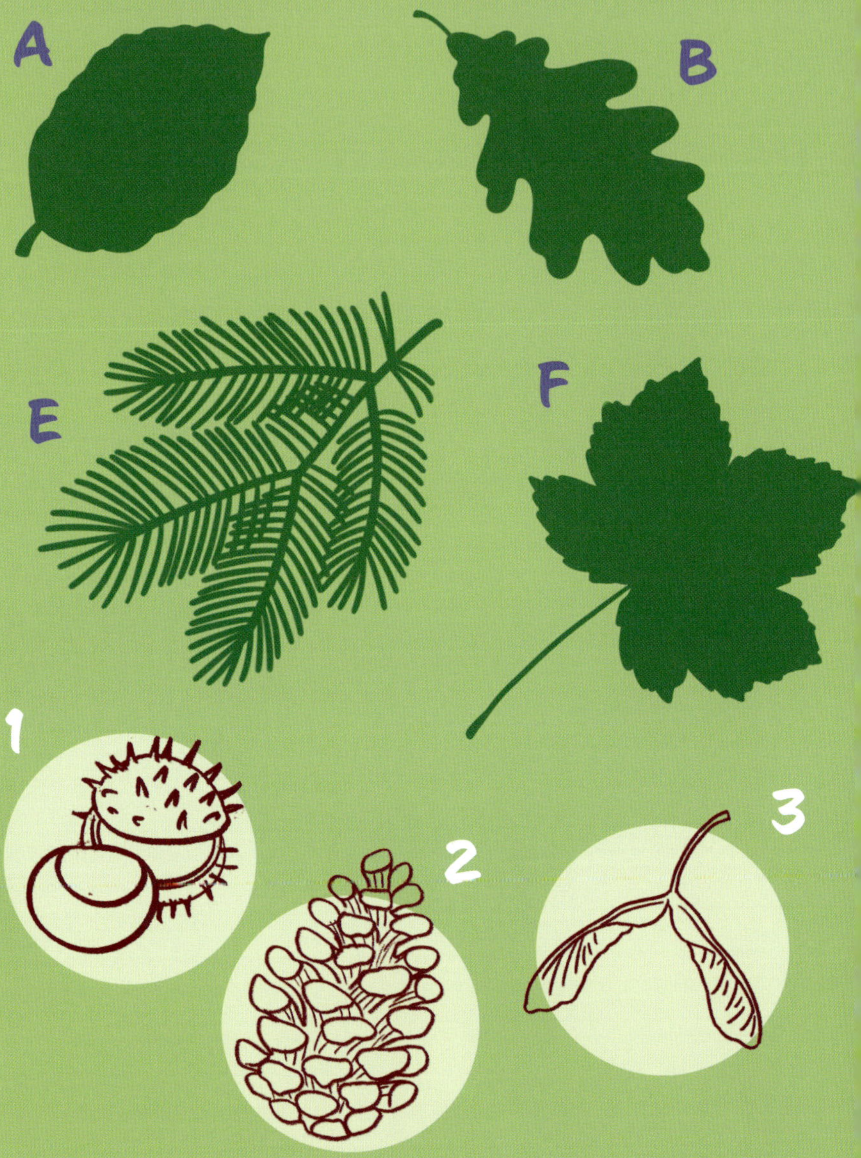

Bei der Wanderung in Bochum habt ihr viel über exotische Pflanzen gelernt. Kennt ihr auch die einheimischen Bäume? Könnt ihr Blätter und Früchte zuordnen? Was gehört zusammen? Und wie heißen die Bäume?

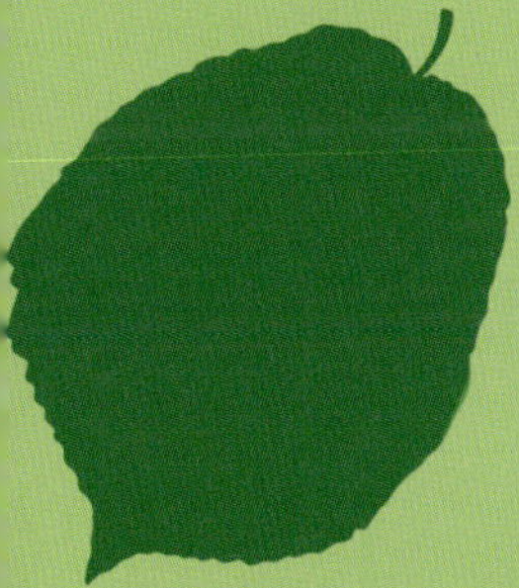
C

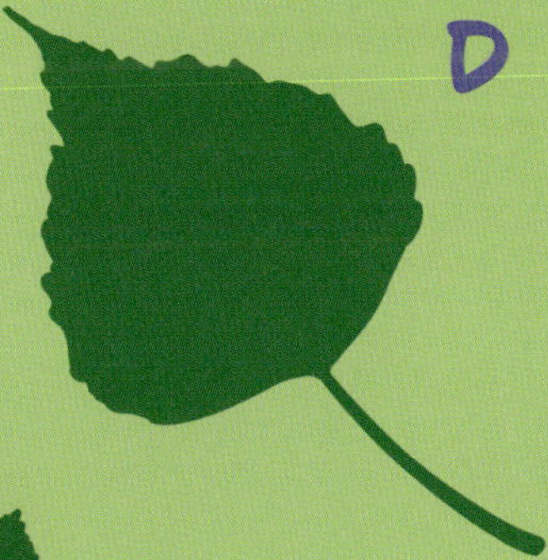
D

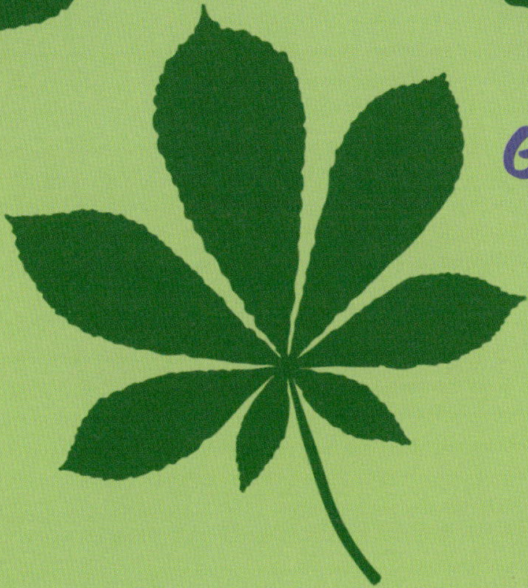
G

4

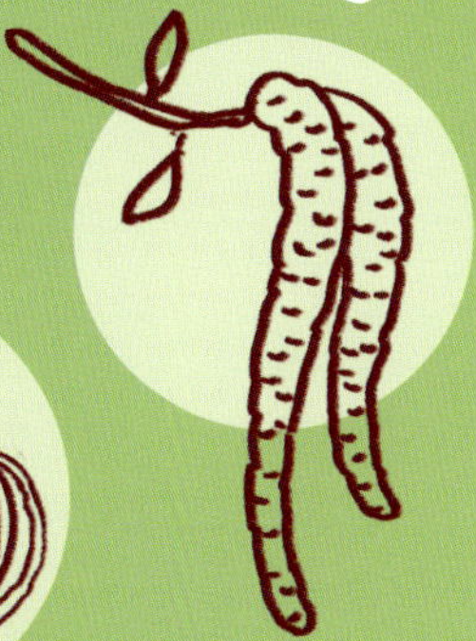
5

6

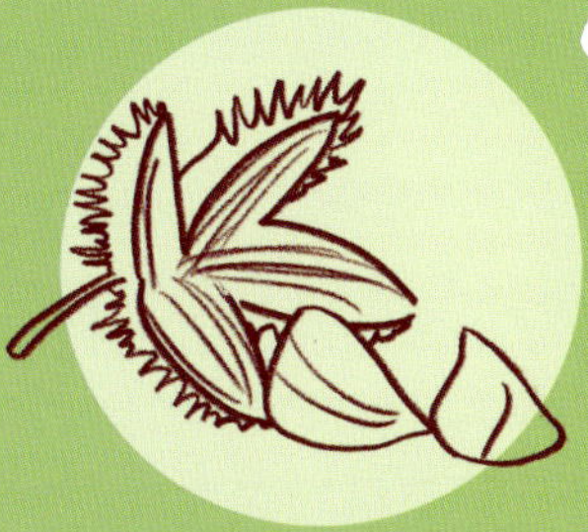
7

TOUR 8

Startpunkt

Zielpunkt

Parkplatz

Haltestelle

Spiel & Spaß

Gastronomie

Aussichtspunkt

Naturerlebnis

Öffentliche Toilette/WC

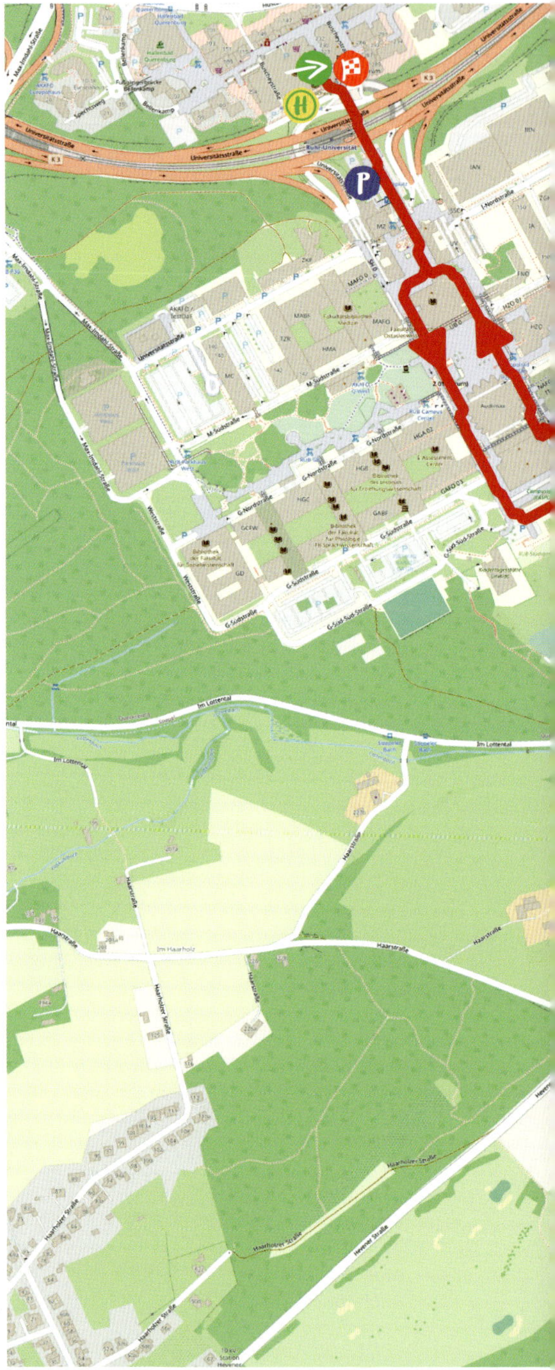

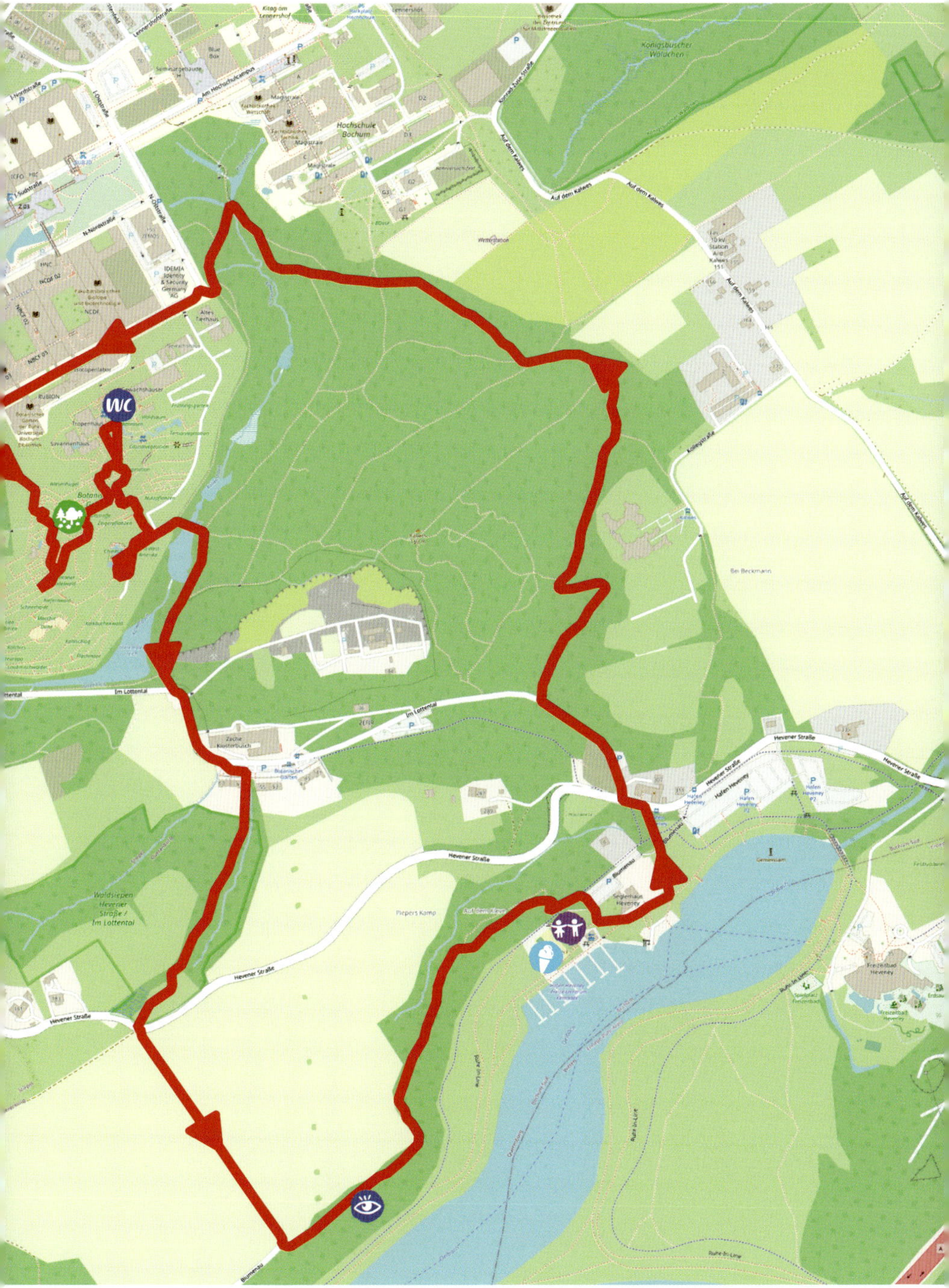
Hochschule Bochum
Königsbuscher Wäldchen
Auf dem Kalwes
Im Lottental
Hevener Straße
Waldsiepen Hevener Straße / Im Lottental
Piepers Kamp
Bei Beckmann
WC

SCHWARZES GOLD IM GRÜNEN WALD

Bergbau-Wanderung im Muttental

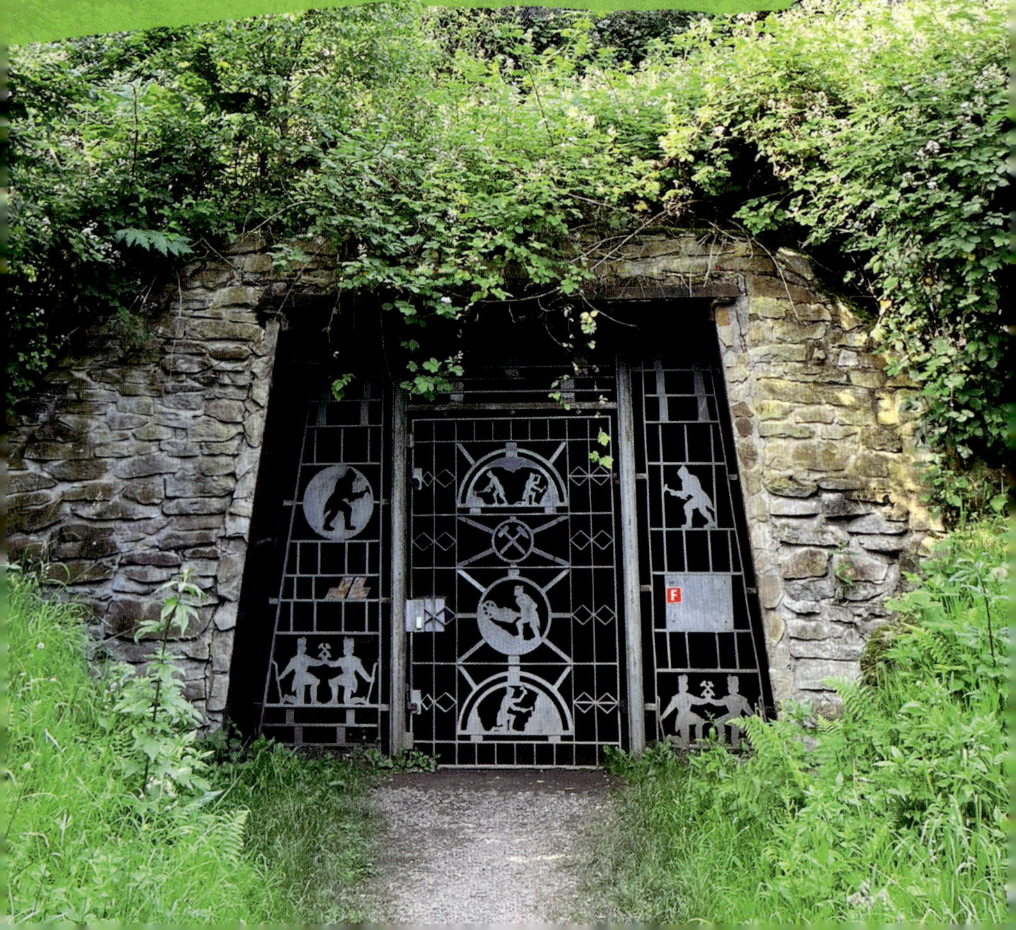

Gewandert am:

Das Wetter heute:

☐ ☐ ☐

Spaßfaktor: ☆☆☆☆☆

Im malerischen Muttental lässt sich besonders gut nachvollziehen, wie der Bergbau funktioniert: Mitten im Wald finden sich Schächte, Stollen und andere Relikte von rund 60 Kleinzechen. Schon im 16. Jahrhundert suchte man hier nach Steinkohle. Im Wald an der Ruhr kann man das Naturerlebnis mit einer Zeitreise verbinden: Infoschilder erklären in Text und Bild, was es mit Pingen, Flözen oder Stollenmundlöchern auf sich hat. In den Ruinen der Burg Hardenstein geht es sogar noch weiter zurück in der Geschichte. Zwischendrin lockt die kostenlose Ruhrfähre ans andere Ufer – zum Beispiel für ein Eis.

TOUR 9

2:15 Std. | 8,3 km | 120 m

Start/Ziel: Wanderparkplatz Nachtigallstraße

Anreise mit ÖPNV: Bus 379 bis Witten-Bommern (15 Minuten Fahrt ab Witten Hbf), von dort 8 Minuten Fußweg über Ufer- und Nachtigallstraße

Anreise mit Pkw: Wanderparkplatz Nachtigallstraße, 58452 Witten

Wegbeschaffenheit: Waldwege

Wegbeschreibung: Der Rundweg lässt sich in zwei Richtungen bestreiten. Wir entscheiden uns für die Strecke, bei der die Burgruine Hardenstein und das LWL Museum Zeche Nachtigall am Ende liegen. Der Grund: Zwischen diesen beiden Stationen liegt die Ruhrfähre, die nach ca. 6,5 Kilometern erreicht ist. Wir planen schon jetzt eine ausführliche Rast im Biergarten auf der anderen Seite der Ruhr ein! Vom Parkplatz aus gehen wir also zunächst in Richtung Schloss Steinhausen, die ansteigende Straße Auf Steinhausen hoch. Oben angekommen begrüßen uns wilde Tiere aus höchst kunstvoll zusammengesetztem Metallschrott: Der Künstler Ray Chataira aus Zimbabwe hat im Atelier des Schlosses rostige Scheren, Federn, altes Werkzeug oder Drahtreste mit dem Lötkolben in Nashorn, Löwe oder Elefant verwandelt; jährlich kommen neue Tiere dazu. Hinter dem Parkplatz mit dieser Open Air-Ausstellung geht es links auf den Wanderweg Richtung Frielinghausen, der mit M2 beschildert ist. Der asphaltierte Weg führt zwischen zwei Feldern entlang und geht ständig bergauf. Wer sich umdreht, hat einen schönen Panoramablick auf Witten.

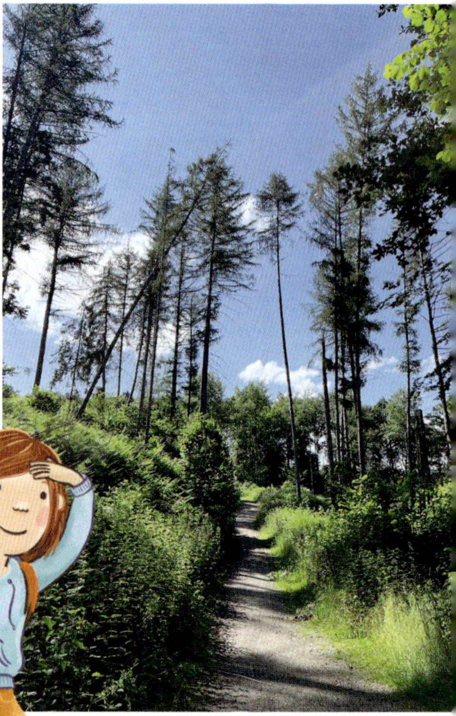

Idylle pur im ehemaligen Steinkohle-Abbaugebiet

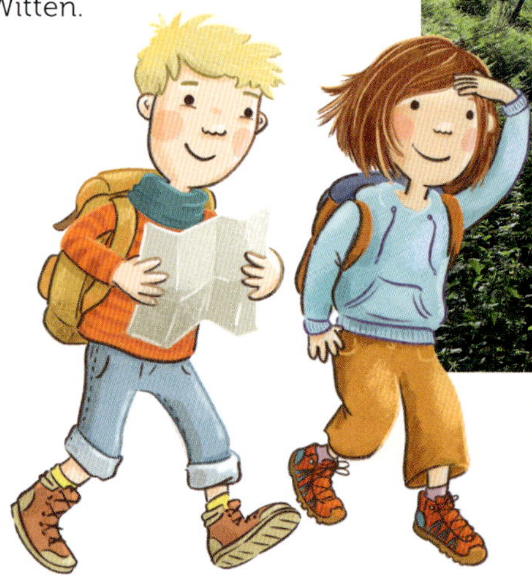

Wir bleiben auf dem Wanderweg M2 und biegen kurz vor der Kurve rechts in einen unbefestigten Schotterweg. Er mündet an einer Straße, an der wir mit dem M2-Weg links abbiegen. Und schon taucht auf der rechten Seite die erste Station des Bergbaurundwegs auf: das Zechenhaus Herberholz. Der Förderverein bergbauhistorischer Stätten Ruhrrevier hat dort eine kleine Open-Air-Ausstellung eingerichtet, die an Wochenenden und feiertags kostenlos geöffnet ist. Zu sehen sind unter anderem einige Loren, in denen die Kohle abtransportiert wurde, ein Türstock, der wie ein Türrahmen den Stollen absicherte, schweres Gerät aus dem Bergbau und eine Handhaspel-Anlage, mit der Bergleute die Kohle aus dem 20 Metern tiefen Schacht Constanz in Eimern und an Seilen zu Tage förderten.

Tipp

Mit der App „Perspektivwechsel" könnt ihr euch die Infos zu vielen Stationen sogar vorlesen lassen. Die App, die auch über viele andere Orte der Industriekultur informiert, gibt es in den gängigen App-Stores.

Wir folgen wieder dem Weg M2, kommen an einer weiteren nachgebauten Haspelanlage vorbei, gefolgt von der Verladeanlage der Zeche Jupiter und gehen an der Gabelung links Richtung Schacht Renate. Einst lagen auf diesem Weg Schienen, auf denen die mit Pferden betriebene Muttenbahn die Kohle aus dem Wald zog. Rechts des Weges plätschert der Muttenbach, links befindet sich eine recht steile Böschung, in die die frühen Bergleute auf der Suche nach der Kohle ihre Stollen gegraben haben.

An der Gabelung halten wir uns rechts weiter Richtung Schacht Renate und folgen nun dem Weg M3, indem wir den Muttenbach überqueren. Wir passieren die kleine Zeche Renate und laufen weiter bergauf. Am Parkplatz gehen wir rechts Richtung Göpel. Kurz nach einer Brücke und einem Hinweisschild biegen wir links ab und folgen einem kleinen Weg bergauf. Der schmale Weg wird dann und wann durch Baumstämme und anderes Totholz blockiert, so dass wir etwas klettern müssen. Oben angekommen, müssen wir eigentlich rechts weiter, gehen aber zunächst kurz nach links zum Göpelschacht.

Am Weg

GÖPEL – PFERDE IM BERGBAU

Im frühen Bergbau haben nicht nur Menschen gearbeitet – sondern auch Pferde! Sie zogen die Wagen mit der Kohle, aber sie halfen auch dabei, sie aus der Erde zu befördern. Das geschah in einem so genannten Pferdegöpel. Dafür wurde das Pferd an einem Querbalken angespannt und musste immer im Kreis laufen. Damit drehte es eine Winde und setzte so eine einfache Maschine in Bewegung, die die Körbe mit der Kohle von unten aus dem Schacht zog. Zum Einsatz kamen Göpel dort, wo die Kohle zu tief lag, als dass man sie mit der Hand hochkurbeln konnte – hier war man auf die Pferdekraft angewiesen. Der Göpel an unserem Wanderweg war bis 1847 in Betrieb.

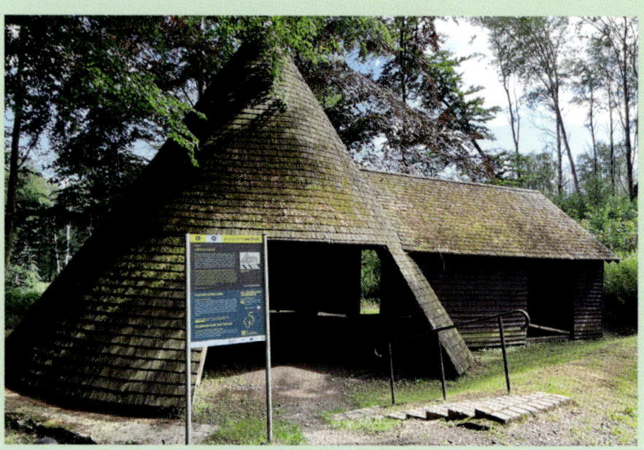

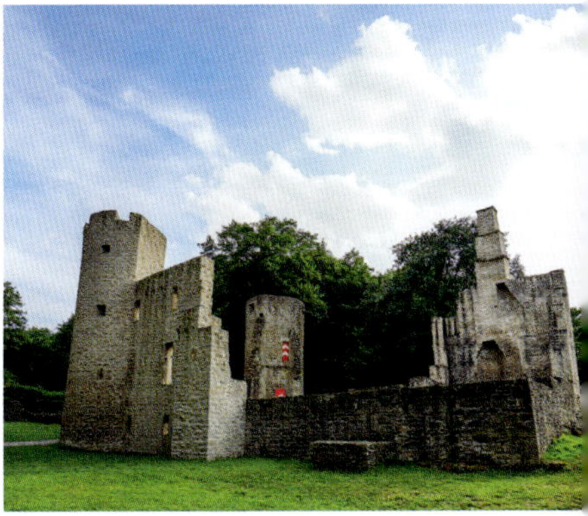

Wir kehren wieder um. Der Weg führt zunächst kurz aus dem Wald hinaus und dann wieder hinein in Richtung Parkplatz Berghausen; er ist mit einem Kreis markiert. Am Parkplatz gehen wir links in Richtung Ruine Hardenstein und passieren den Schacht Margarethe. Wir biegen rechts auf die Berghauser Straße und gleich wieder links in die Straße Altenhöfen. Nun geht es zwischen zwei Feldern ein Stück der Straße entlang. Die Straße wird zum Privatweg. Wir biegen daher leicht links ab auf einen Weg Richtung Ruine Hardenstein und Zeche Nachtigall. An der Gabelung folgen wir wieder dem Schild Richtung Ruine nach rechts und befinden uns erneut auf dem Weg M3.

Auf diesem recht steilen Hohlweg bergab in Richtung Ruhr ist ein bisschen Klettern erforderlich. Tiefe Mulden, größere Steine und Bauschutt machen den Weg uneben. Unten angekommen, befindet sich geradeaus die nächste Hinweistafel „Westlicher Tagetrieb Frielinghaus". Anschließend drehen wir um und gehen geradeaus auf dem Weg M3 weiter in Richtung Ruine Hardenstein. Dort angekommen legen wir eine Pause auf dem historischen Gemäuer mit herrlichem Blick auf die Ruhr ein.

Tipp

Das „Königliche Schleusenwärterhaus" lädt zur Rast an der Ruhr: Wanderer oder Radfahrer besorgen sich im historischen Fachwerkhaus aus dem Jahr 1835 ein Eis oder Kuchen, eine Backkartoffel oder einen Flammkuchen und schöpfen Kraft für die nächste Etappe. 1835 ließ es König Friedrich II. von Preußen als Wohnhaus für Schleusenwärter erbauen. Es ist das letzte von 14 Schleusenwärterhäusern entlang der Ruhr.

Königliches Schleusenwärterhaus, Insel 1, 58456 Witten

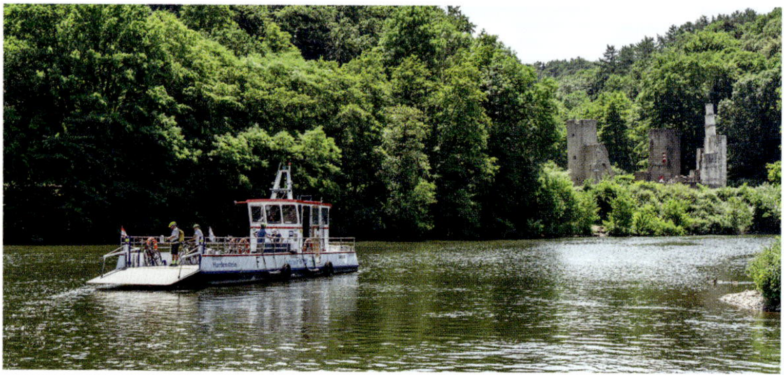

Die Ruhrtalfähre Hardenstein verkehrt zwischen der Schleuse Herbede und der Burgruine Hardenstein,

Wir verlassen das Gelände durch den Torbogen und befinden uns wieder auf dem Muttental-Rundweg M3. Bei nächster Gelegenheit gehen wir links unter der alten Bahnbrücke durch und stehen am Anleger der Ruhrfähre, die uns gegen eine Spende hinüber ans andere Ufer bringt. Während der Fahrt genießen wir den Blick auf die Ruine aus anderer Perspektive. Am anderen Ufer geht es links zur Herbeder Schleuse.

Ein paar Meter weiter befindet sich in einem Fachwerkhäuschen, einst das Haus des Schleusenwärters, ein Ausflugslokal mit Biergarten. Wir kaufen uns ein Eis und setzen dann mit der Fähre wieder hinüber.

Wir gehen durch den Tunnel zurück, biegen links ab auf den M3-Rundweg und beobachten auf der rechten Seite Kletterer des Alpenvereins, die an der aufgelassenen Wand eines Steinbruchs gekonnt die Wand hoch kraxeln. Am Ende landen wir auf der Straße Auf der Martha, überqueren die Muttentalstraße und gehen weiter geradeaus, um einen Blick auf einen weiteren und größeren Steinbruch zu erhaschen. Und hier sehen wir endlich das begehrte Gestein: Oben am Steinbruch befindet sich eine dünne Schicht Steinkohle, also ein Steinkohlenflöz, das sich in seinem tiefen Schwarz deutlich von den anderen Gesteinsschichten hervorhebt. Auf einer Infotafel vollziehen wir nach, wie sich die unterschiedlichen Steinschichten im Laufe der Jahrtausende entwickelt haben.

Am Weg

LWL MUSEUM ZECHE NACHTIGALL

Auch die Zeche Nachtigall war einmal eine Kleinzeche, in der die Kohle waagerecht aus dem Berg geholt wurde. Im 19. Jahrhundert wurde sie zur Tiefbauzeche, später zu einer Ziegelei – und ist heute ein Museum, in dem diese und andere Geschichten vom frühen Ruhr-Bergbau und dem Bergbau in der Nachkriegszeit erzählt werden. Höhepunkt ist der Gang durch den 130 Meter langen Nachtigallstollen. Mit Helm und Lampe stößt man hier zu einem echten Steinkohleflöz vor und lernt die Arbeit mit Abbauhammer und Pressluftbohrer kennen. Nach dem Lernen ist Spiel und Spaß angesagt – ein kleiner Spielplatz auf dem Gelände lädt ein zum Toben.

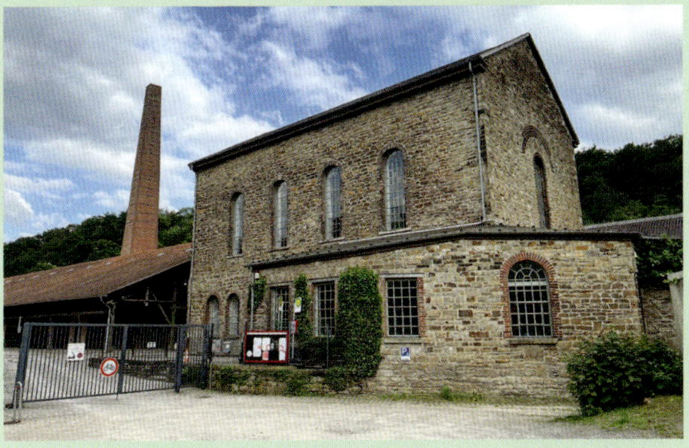

Der Weg am Steinbruch ist jedoch eine Sackgasse, daher kehren wir wieder um und biegen rechts auf die Muttentalstraße in Richtung Zeche Nachtigall. Von dort aus geht es weiter an der Nachtigallstraße entlang, bis sich auf der rechten Seite die Möglichkeit ergibt, von der Straße auf einen parallelen Fußweg zum Parkplatz abzubiegen – oder in die stündlich verkehrende Muttenthalbahn zu steigen, die bis zum Parkplatz fährt.

Findet ihr die 10 Unterschiede in den beiden Zechen-Bildern?

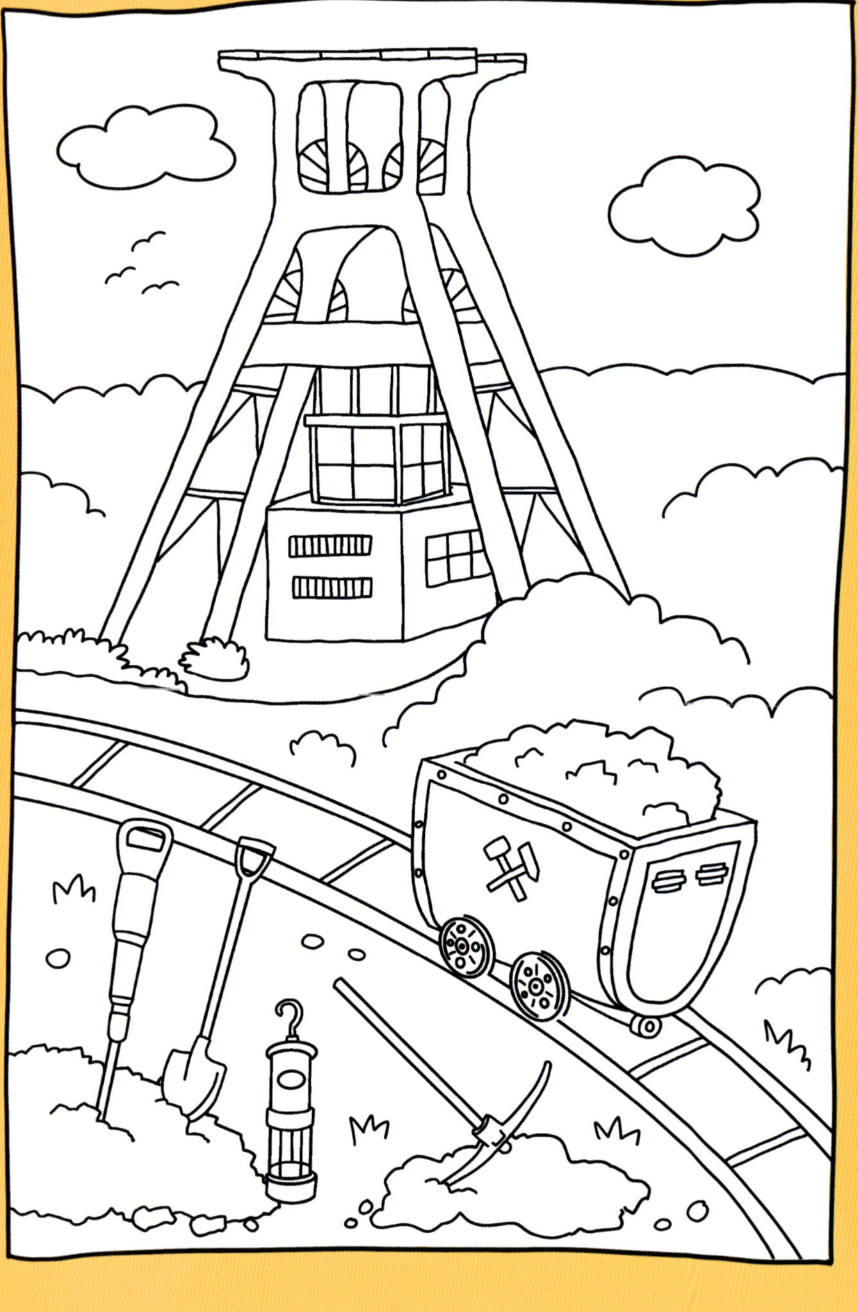

Ihr könnt beide Bilder ausmalen,
dann seht ihr sie ganz bestimmt!

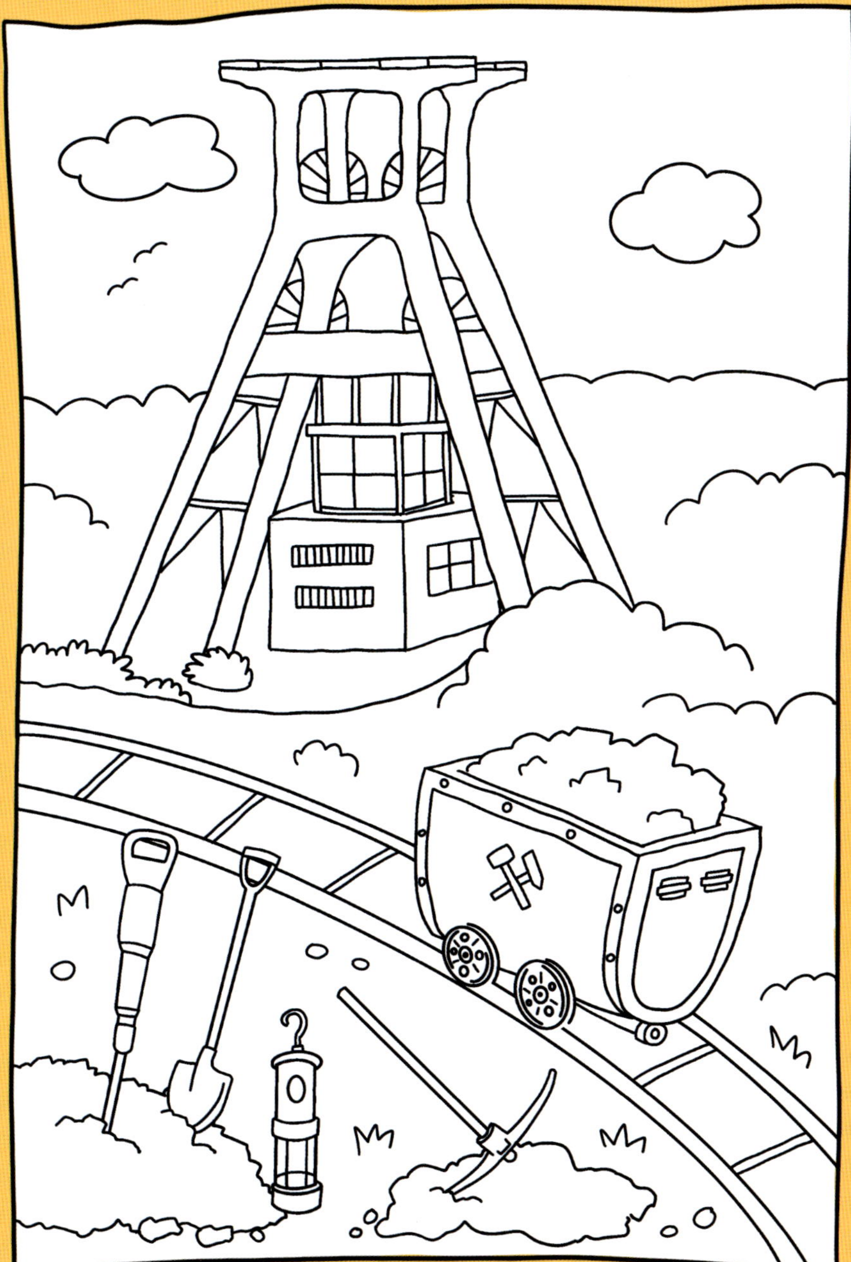

TOUR 9

Startpunkt

Zielpunkt

Parkplatz

Haltestelle

Gastronomie

Burgen/
Schlösser/
Historische Orte

Wassererlebnis

Aussichtspunkt

Naturerlebnis

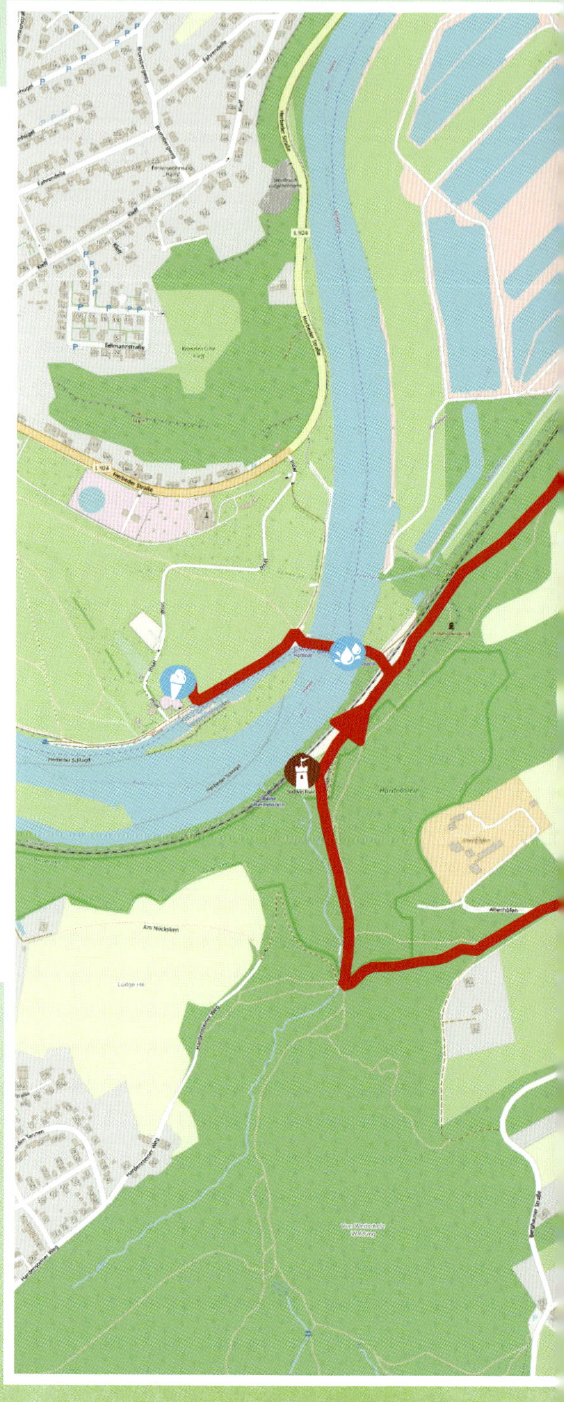

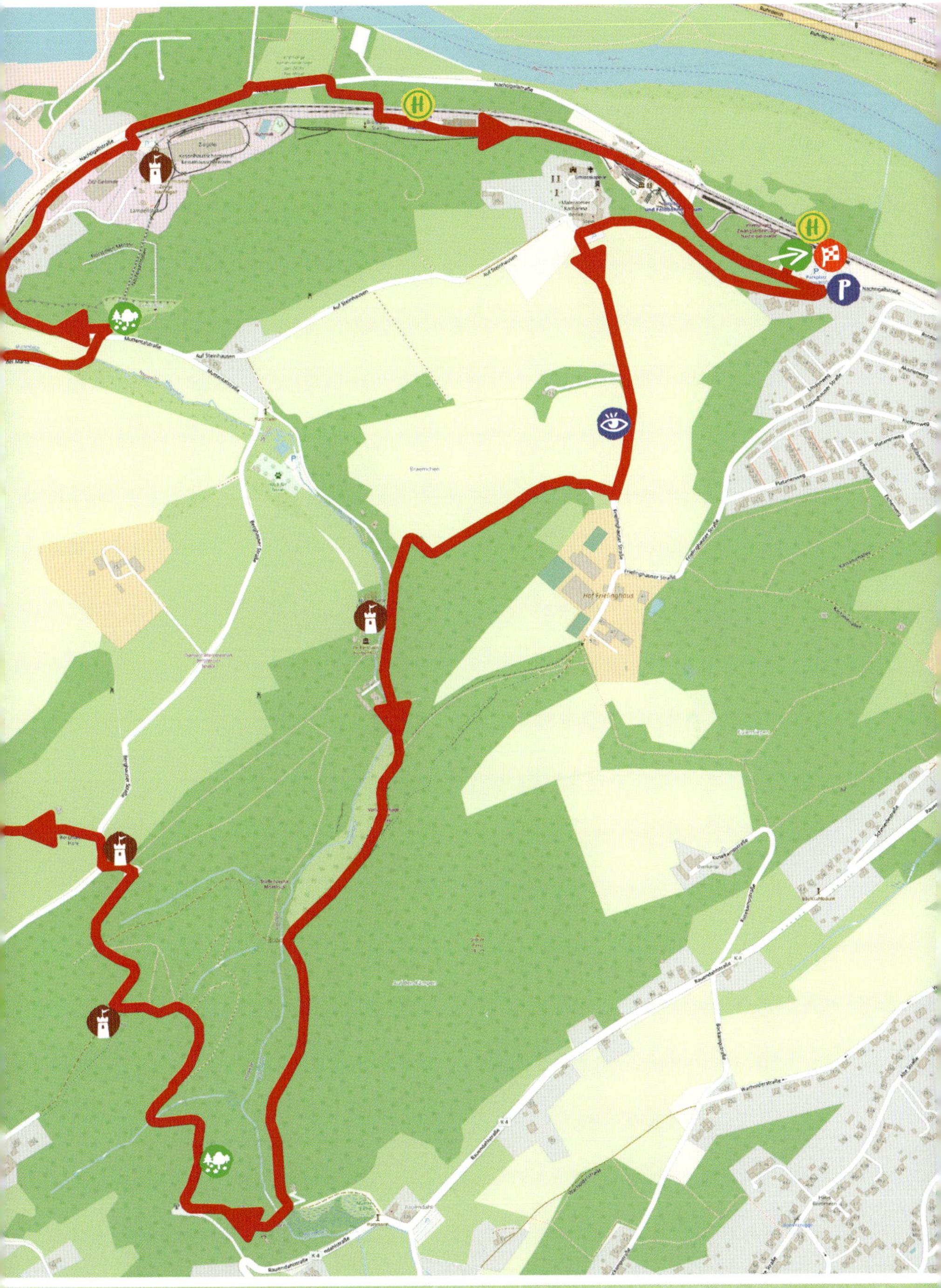
Nachtigallstraße
Auf Steinhausen
Muttentalstraße
Rauendahlstraße

HOCH HINAUS IN HAGEN

Drei-Türme-Wanderung durch den Stadtwald

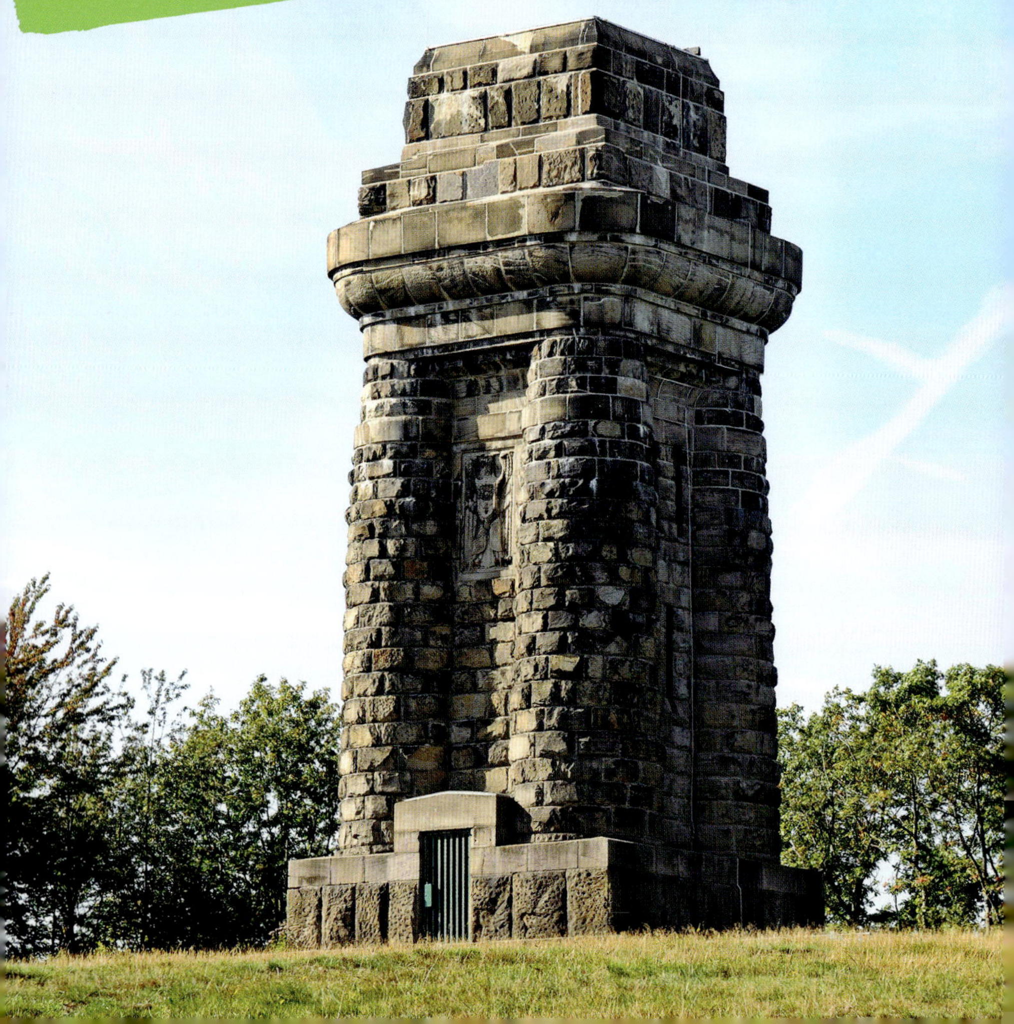

Gewandert am:

Das Wetter heute:

☐ ☐ ☐

Spaßfaktor: ☆☆☆☆☆

Dieser sehr gut ausgeschilderte Wanderweg führt vorbei an drei Türmen, die teilweise erklettert werden können. Und nicht nur an den Türmen geht es steil hinauf – wir befinden uns schließlich an der Grenze zum Sauerland! Der Weg ist dank seiner Ausblicke wunderschön, empfiehlt sich aber nur für wandergeübte und ausdauernde Kinder. Der komplette Drei-Türme-Weg ist 11,6 Kilometer lang, die hier vorgeschlagene Variante mit 9,5 Kilometern etwas kürzer. In der beschriebenen Richtung beginnt der Rundweg gleich mit einem langen Anstieg – wer es sich leichter machen will, geht anders herum.

TOUR 10

ca. 4 Std. | ca. 9,5 km | 210 m

Start/Ziel: Stadtgarten Hagen

Anreise mit ÖPNV: Haltestelle „Allgemeines Krankenhaus" der Buslinie 543 (zwei Stationen ab Hagen Hauptbahnhof)

Anreise mit Pkw: Parkplatz am Stadtgarten (fünf Stunden kostenlos mit Wander-Parkticket, erhältlich über 3tuermeweg.de oder in der Parkscheinbox am Parkplatz)

Wegbeschaffenheit: Waldwege

Wegbeschreibung: Wir starten am Parkplatz und gehen nach links in Richtung Stadtgarten, lassen das Restaurant auf der rechten und den Teich auf der linken Seite liegen. Schon wird die Beschilderung des 3-Türme-Wegs mit dem Zeichen T sichtbar. Der Weg ist die ganze Strecke über sehr deutlich und zuverlässig ausgeschildert. Aber Vorsicht: Der komplette Rundweg ist 11,6 Kilometer lang – in dieser Variante sind es zwei Kilometer weniger. Erst einmal aber gilt es, der Beschilderung 4 Kilometer lang zu folgen.

Am Weg

BISMARCKTURM AUF DEM GOLDBERG

Bismarcktürme sind Denkmäler, die zwischen 1898 und 1915 in ganz Deutschland und sogar in Afrika, Russland und in anderen europäischen Ländern gebaut wurden. Sie erinnerten an Otto von Bismarck, den ersten Kanzler des jungen Deutschen Reiches. Insgesamt gab es 240 Bismarcktürme. Der Hagener entstand 1901, ist als Denkmal geschützt und gehört zu den größeren Exemplaren. Der Aufstieg lohnt sich: Nach 74 Stufen hat man in 24 Metern Höhe einen fantastischen Blick. Der Bismarckturm steht auf dem Goldberg. Er heißt so, weil hier im Mittelalter angeblich Gold und Silber abgebaut wurde.

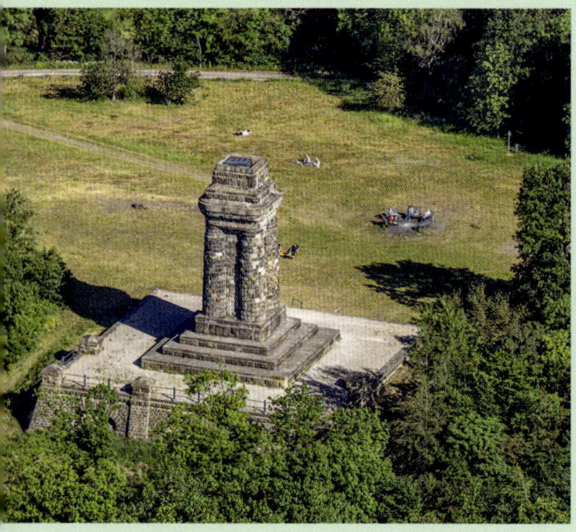

Anfangs geht es stramm bergauf durch die Anlage des Kleingartenvereins Goldberg und durch Wohnsiedlungen. Links kann man dann und wann über Hecken lugen und erhascht bereits erste Panoramablicke auf Hagen. In Höhe eines Parkplatzes kommt zwischen den Bäumen langsam der erste Turm in Sicht: der Bismarckturm. Sollte oben eine Fahne wehen, ist der Turm geöffnet, und man kann hinaufsteigen. Die großzügige Wiese vor dem Turm lockt in jedem Fall zu einer ersten längeren Picknick-Pause!

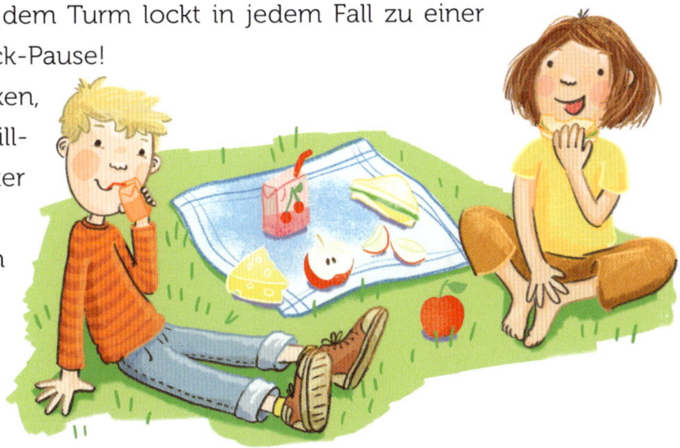

Den Turm im Rücken, geht es rechts am Grillplatz vorbei und weiter bergauf – eine Markierung an einem Baum in Höhe der nächsten Kreuzung verrät, dass man sich nun auf dem Goldbergsattel und 260 Meter über dem Meeresspiegel befindet.

Wir folgen der Beschilderung geradeaus. An der nächsten Kreuzung macht der Weg eine scharfe Rechtskurve. Es lohnt jedoch, kurz dem Abstecher nach links zu folgen in Richtung „HAGENfenster“: Wie durch einen Bilderrahmen aus Edelstahl kann man das Hagener Panorama und den Blick ins Sauerland genießen. Dort befindet sich auch eine Raststelle, die Federnbänke – mit Industriefedern ausgestattete Tische und Bänke. Sie erinnern an die für Hagen wichtige Produktion von Federn für die Eisenbahn- und später auch Automobilindustrie im 19. Jahrhundert.

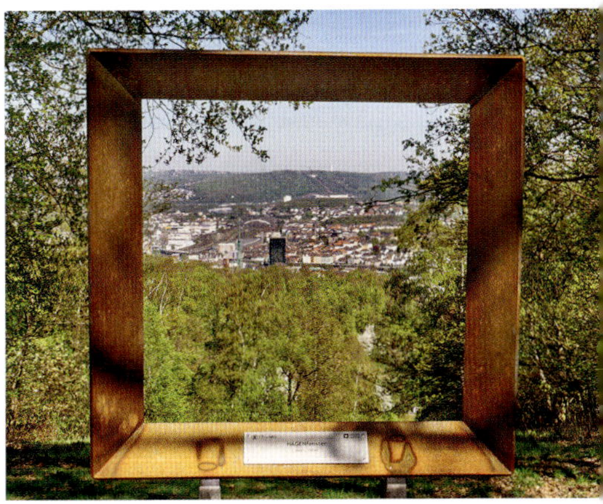

Der nächste Turm, der in den Blick kommt, ist der Fernmeldeturm Hagen, der recht überraschend mitten im Wald auftaucht. Er steht auf dem Gipfel des Riegerbergs. Durch eine wunderschöne Buchenallee gelangen wir auf einen breiten Weg, der gute Ausblicke bietet. Obacht: An der Kreuzung mit dem Prenzelweg, der nach rechts zum Saupark, also dem Wildschweingehege führt, folgen wir dem 3-Türme-Weg nicht nach links, sondern gehen weiter geradeaus, um auf kürzerem Weg direkt zum nächsten Turm zu gelangen: dem Kaiser-Friedrich-Turm. Ein Abstecher zu den Wildschweinen ist natürlich auch möglich!

Am Weg

KAISER-FRIEDRICH-TURM

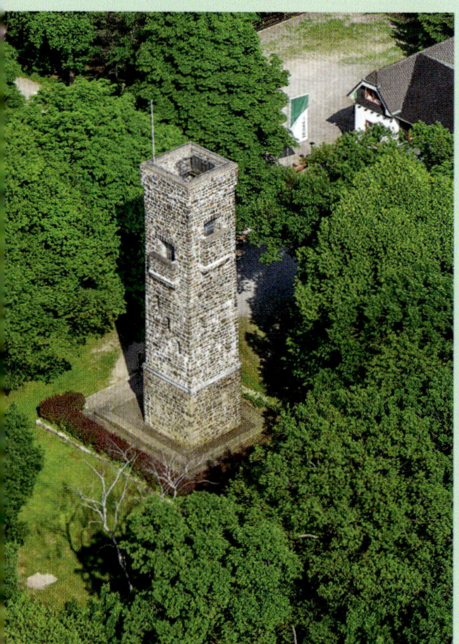

Der Kaiser-Friedrich-Turm wurde noch vor dem Bismarckturm zunächst aus Holz gebaut, 1910 entstand dann der heutige Backsteinbau. Er ist zwar nur 17 Meter hoch, steht aber auf dem höchsten Punkt unserer Wanderung und ist damit der höchste Aussichtspunkt in ganz Hagen. Über dem Eingang prangt ein Porträt von Friedrich III, dem der Turm gewidmet war – ein Kaiser, der nur 99 Tage lang im Amt war. Er war der Vorgänger und Vater von Kaiser Wilhelm II. Geöffnet ist der Turm immer dann, wenn auch die Gastronomie geöffnet hat.

Es geht weiter geradeaus, vorbei an zwei Schranken und der Einmündung des Elsa-Brandström-Wegs, dann folgen wir der Linkskurve und laufen direkt auf den Turm und die verdiente Pause zu – entweder in luftiger Höhe, nachdem die 80 Stufen erklettert sind, oder bei einer Einkehr in der Waldgaststätte, zu der auch ein Spielplatz gehört.

Anschließend gehen wir erst einmal den gleichen Weg zurück, biegen aber an der Kreuzung mit dem Elsa-Brandström-Weg dort nach links ab. Nun folgen wir der T-Ausschilderung bis zum Ende. Eine Infotafel auf dem Weg informiert über die Schäden, die der Orkan 2007 in der Gegend angerichtet hat, und die Wiederaufforstung. Kurz darauf erreichen wir das Damwild-Gehege und steigen zehn Stufen hinauf auf eine Aussichtsplattform. Mit etwas Glück kann man von hier aus Tiere beobachten.

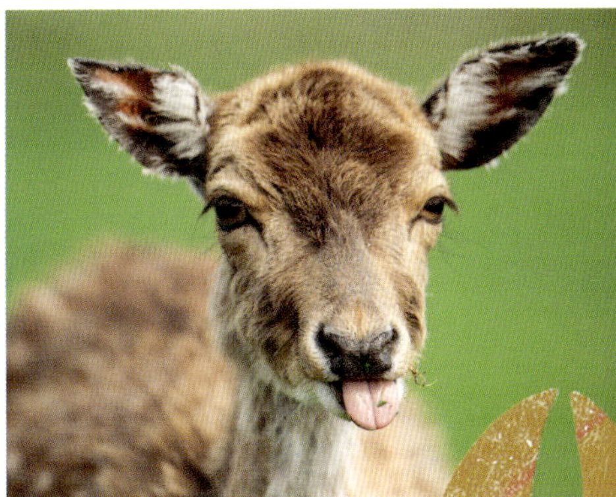

Wer hat ein Taschenmesser dabei? Der Türme-Weg führt nun vorbei an einer pyramidenförmigen Schnitzwand, an der man seinen Namen oder andere Motive mit der Klinge verewigen kann. An einer T-Kreuzung rechts abbiegen wieder auf den Elsa-Brandström-Weg und direkt auf die Hinterseite des letzten Turms zu: den Eugen-Richter-Turm.

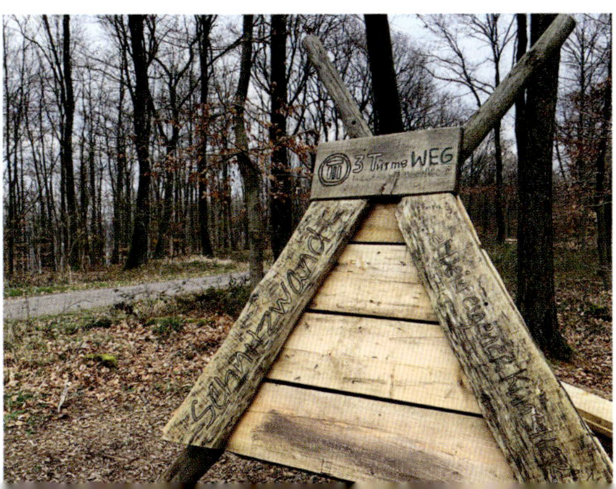

Die Schnitzwand

Am Weg

EUGEN-RICHTER-TURM

Der Eugen-Richter-Turm ist ein Doppelturm, achteckig gebaut und 23 Meter hoch. Er ist nur geöffnet, wenn auch die benachbarte Sternwarte geöffnet hat (www.sternwarte-hagen.de). Der Politiker Eugen Richter saß bis 1906 für den Wahlkreis Hagen-Schwelm im Reichstag und war einer der größten Gegner Bismarcks. Angeblich verließ der Reichskanzler wiederholt und demonstrativ die Sitzungen des Parlaments, wenn der begnadete Redner Eugen Richter das Wort ergriff. Die Hagener setzen ihm ein Denkmal mit diesem „trotzigen Turm, fest und unerschütterlich wie der Mann, dessen Gedächtnis er geweiht ist".
Weitere Informationen zu allen drei Türmen unter:
3tuermeweg.de/die-tuerme/oeffnungszeiten

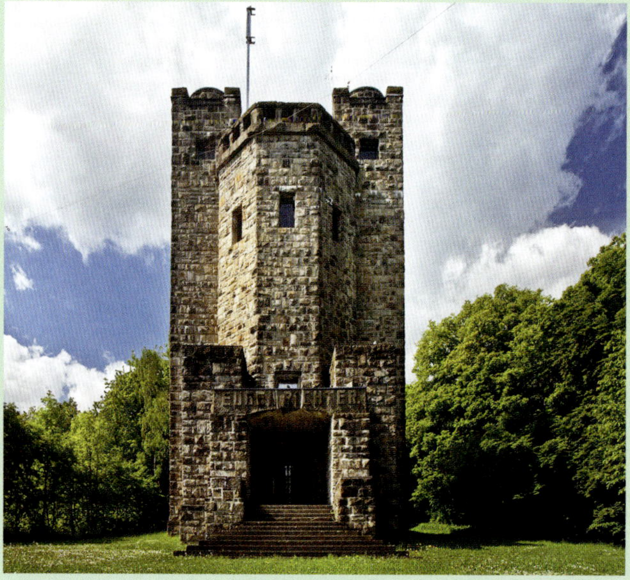

An der Sternwarte vorbei geht es in Serpentinen leicht bergab. Wir erreichen die geschnitzte Drei-Türme-Bank mit einem letzten großartigen Blick auf Hagen. Es geht immer weiter bergab, vorbei an einer aus einem dicken, liegenden Baumstamm gearbeiteten Bank. Wir bleiben rechts oben auf der Böschung und gehen parallel zur Straße weiter. An einem farbig gestalteten Ausguck kann man noch einmal einen Blick durchs Fernglas ins Tal werfen. Nun sind es nur noch 400 Meter bis zum Ausgangspunkt.

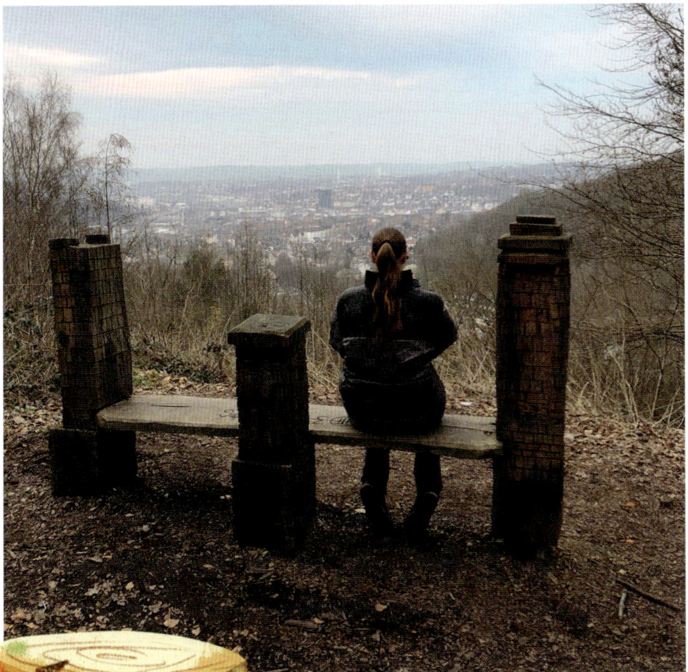

Ausblick auf Hagen

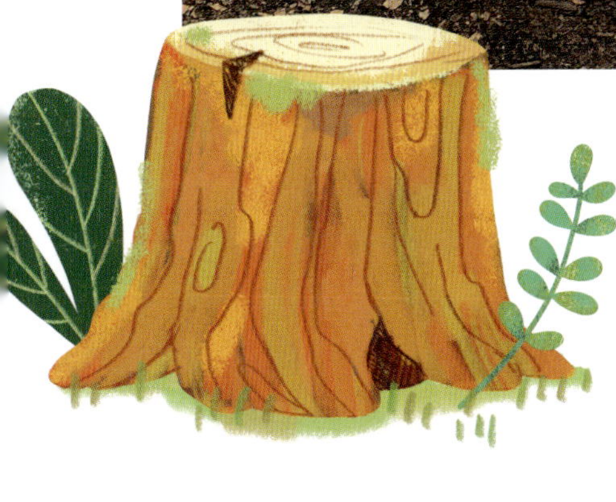

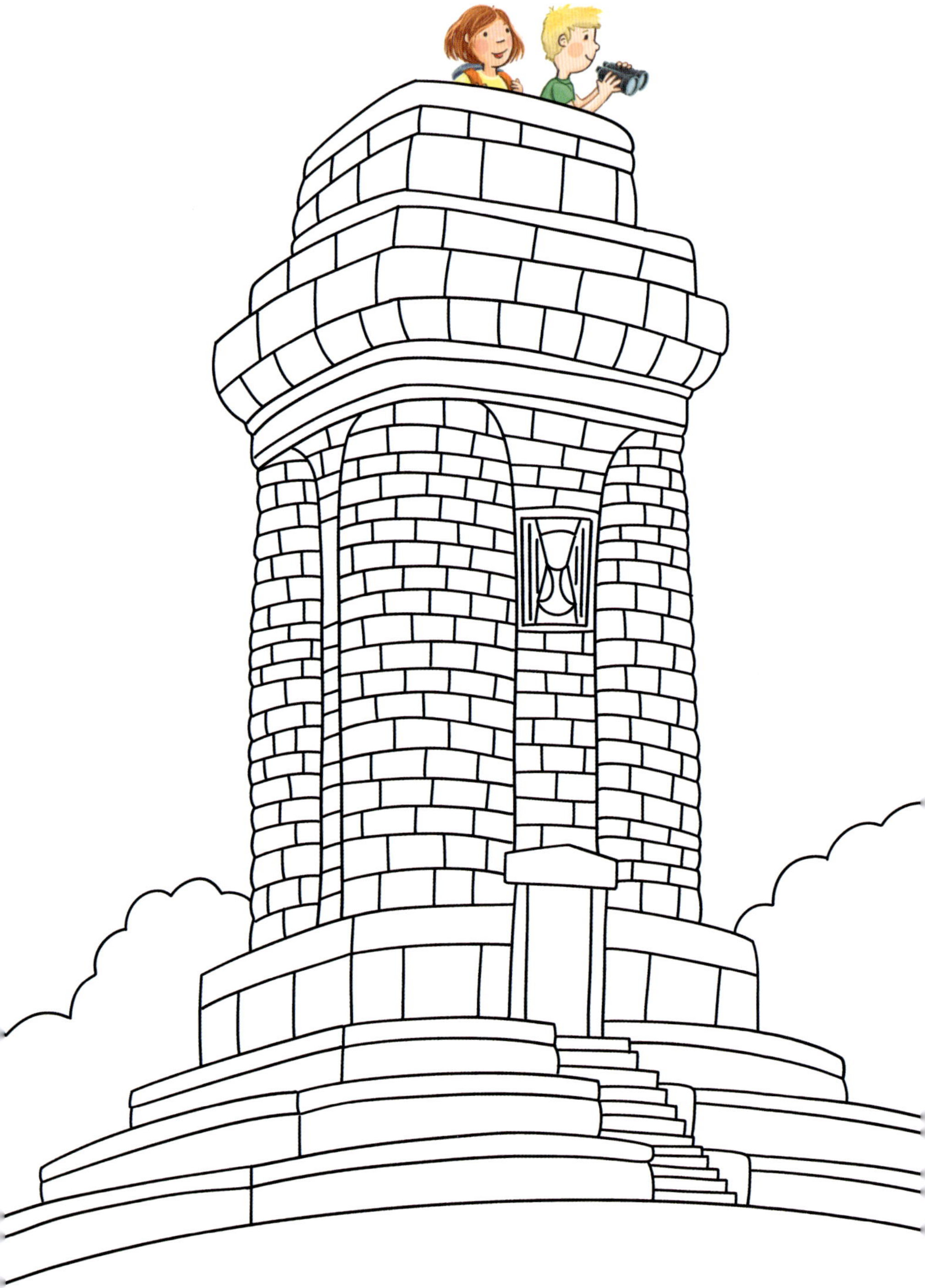

TURMERLEBNIS

Na, habt ihr euch auf einen der Türme hinauf getraut? Wie war die Aussicht von oben? Was konntet ihr entdecken?

Wer nicht schwindelfrei ist oder aus anderen Gründen lieber unten bleibt, kann selbst zu Turm-Architekten werden: Auf der Wanderung gibt es sicherlich jede Menge „Baumaterial", mit dem ihr einen Turm-Stapel-Wettbewerb ausrufen könnt. Sucht euch Steine, Äste und was ihr sonst noch finden könnt und baut euren eigenen Turm: Wer hat den höchsten Turm gebaut? Welcher ist am kreativsten?

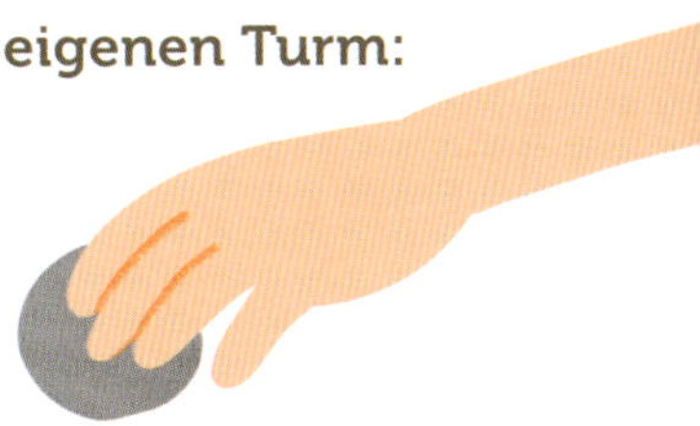

Viel Spaß dabei!

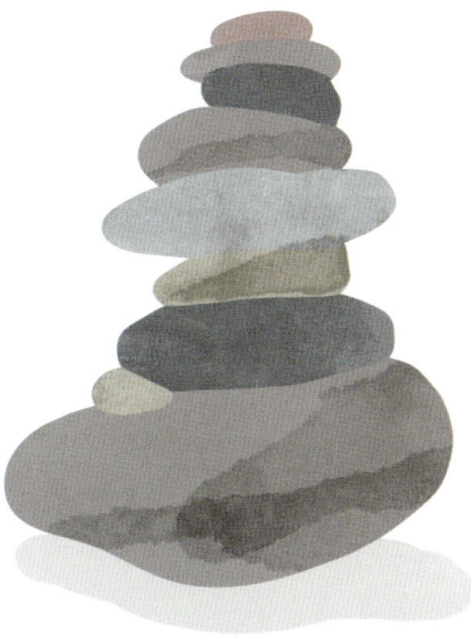

TOUR 10

Startpunkt

Zielpunkt

Parkplatz

Burgen/
Schlösser/
Historische Orte

Gastronomie

Aussichtspunkt

Naturerlebnis

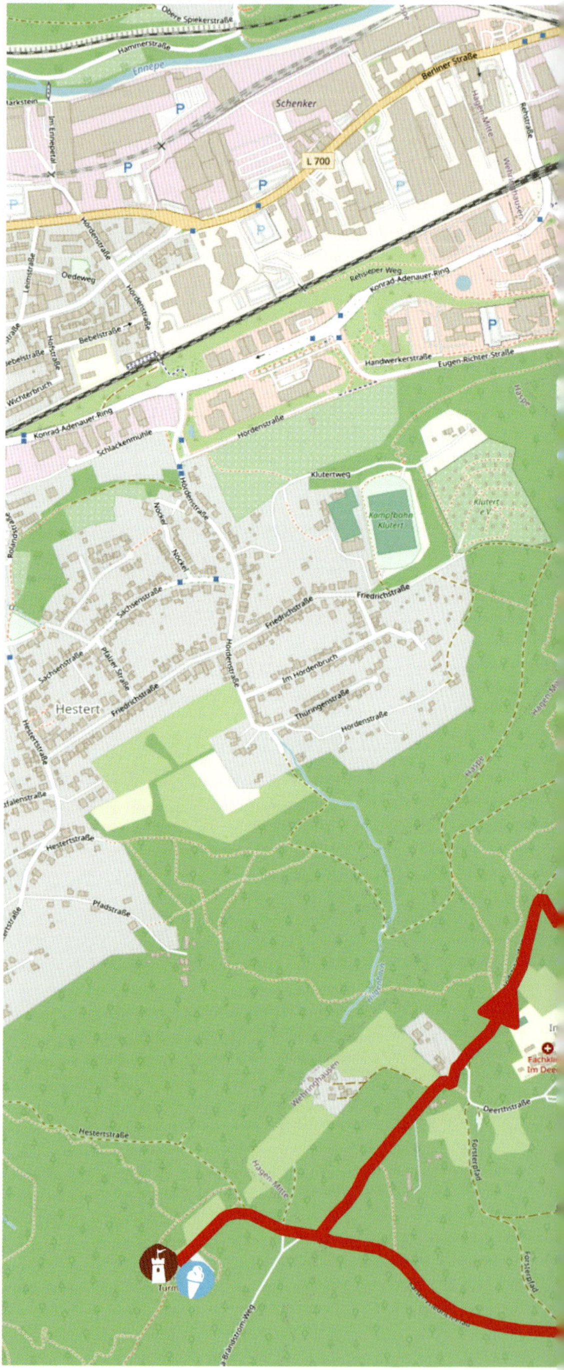

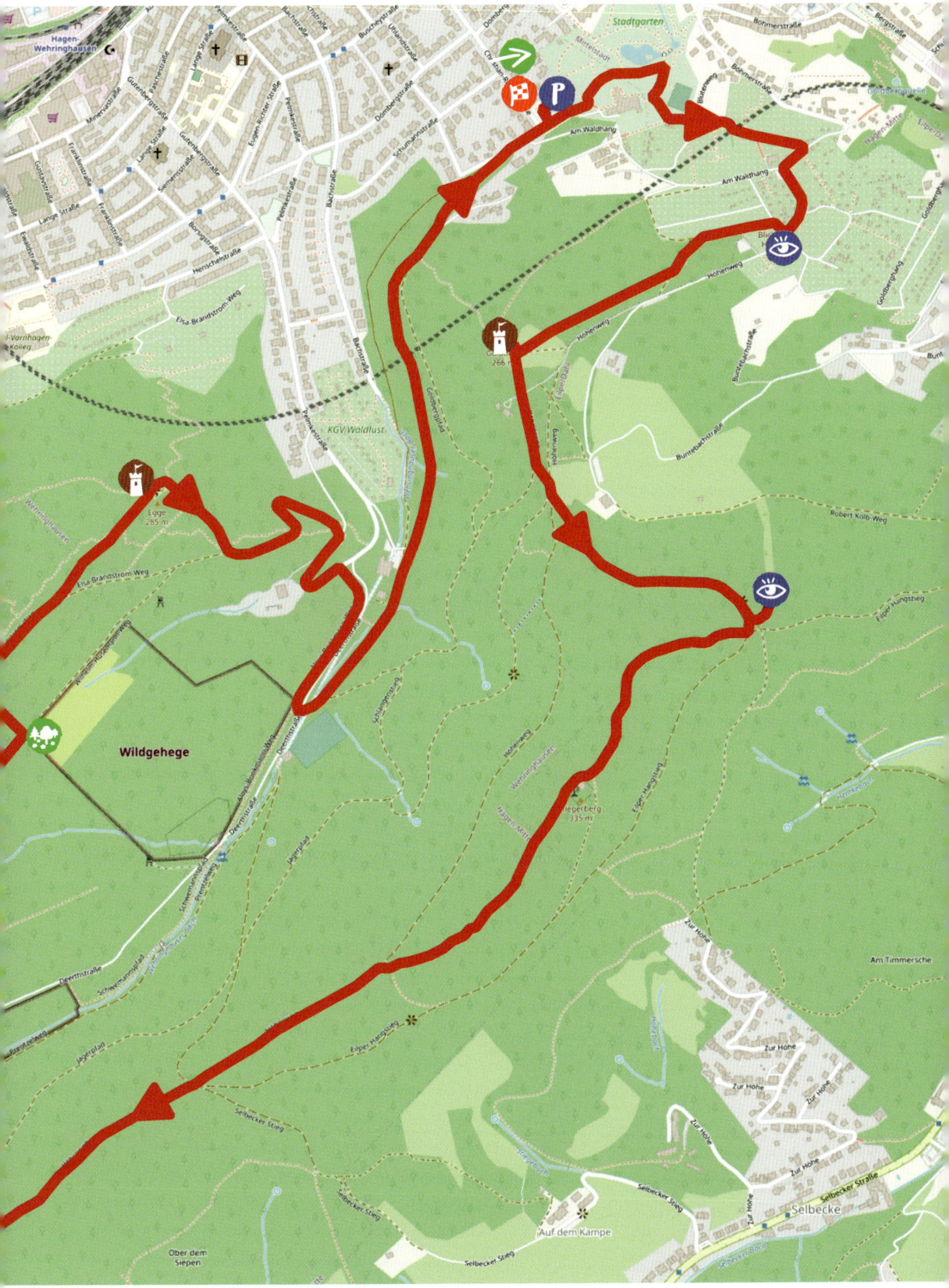
Hagen-Wehringhausen
Stadtgarten
Wildgehege
Egge
285 m
KGV Waldlust
Am Waldhang
Höhenweg
Robert-Kolb-Weg
Elsa-Brandström-Weg
Zur Höhe
Selbecke
Selbecker Straße
Selbecker Stieg
Auf dem Kampe
Ober dem Siepen
Am Timmersche
Deerthstraße
Jägerpfad

WASSER, WEINBERG, WUNDERBRÜCKE

Spielplatz-Wanderung um den Dortmunder Phoenix See

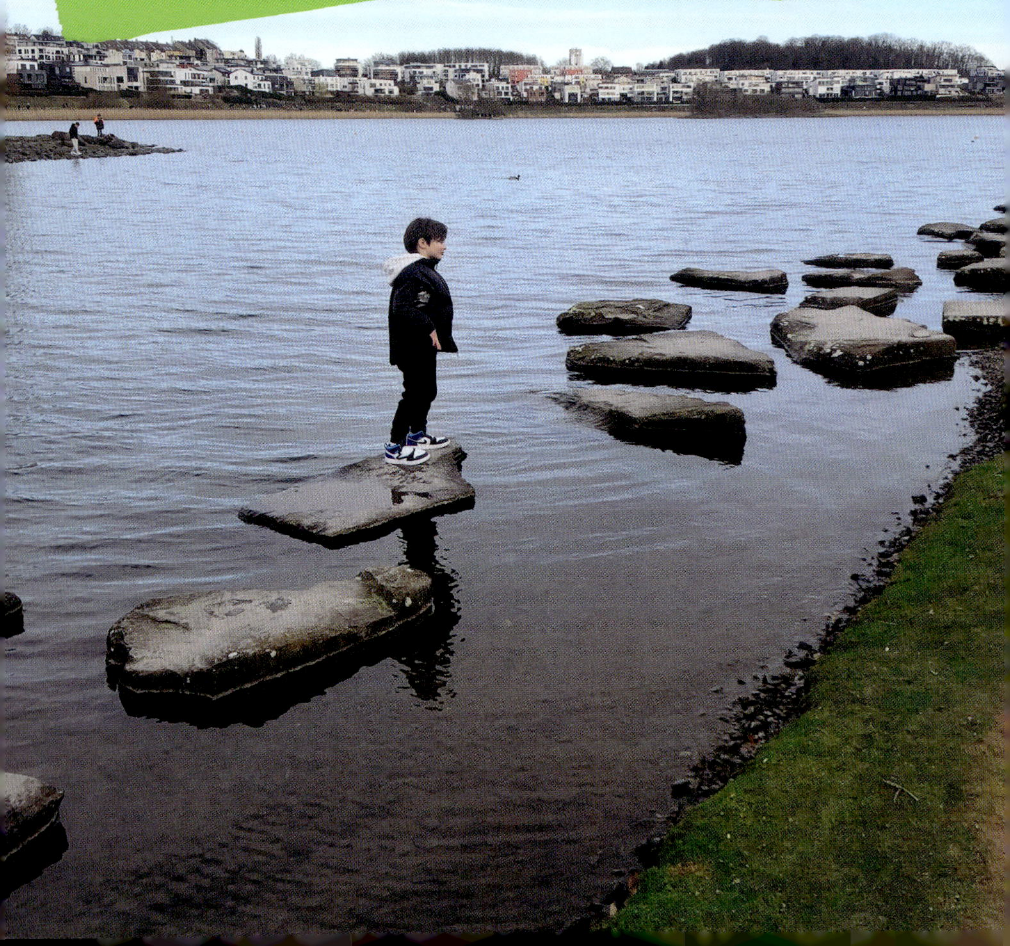

Gewandert am:

Das Wetter heute:

☐ ☐ ☐

Spaßfaktor: ☆☆☆☆☆

Diese Runde um den See schaffen Kinder spielend! Kein Wunder, denn es liegen vier Spielplätze direkt an der Strecke. Der Phoenix See entstand 2010 auf dem Gelände eines ehemaligen Stahlwerks und ist ein beliebtes Ausflugsziel. Die 3,2 Kilometer lange Runde lässt sich beliebig verlängern. Kletter-Fans können auf halbem Weg den Neuen Kaiserberg erklimmen. Wer am Ende der Runde noch Energie hat, wandert entlang der Emscher weiter bis zum romantisch verfallenden Hympendahl-Viadukt – und findet unterwegs noch einen fünften Spielplatz.

TOUR 11

ca. 2 Std. | ca. 3,5 bis 8 km | 60 m

Start/Ziel: Hörder Burg (Hörder Burgstraße 17)

Anreise mit ÖPNV: Bahnhof Hörde

Anreise mit Pkw: Hörder Hafenstraße 2, 44263 Dortmund

Wegbeschaffenheit: Überwiegend Asphalt, befestigte Wege

Wegbeschreibung: Die Hörder Burg im Rücken, sehen wir gleich die erste verlockende Spielmöglichkeit: Breite Stufen führen direkt hinein in den See; Kinder können über kleine Kanäle hüpfen oder Papierboote schwimmen lassen.

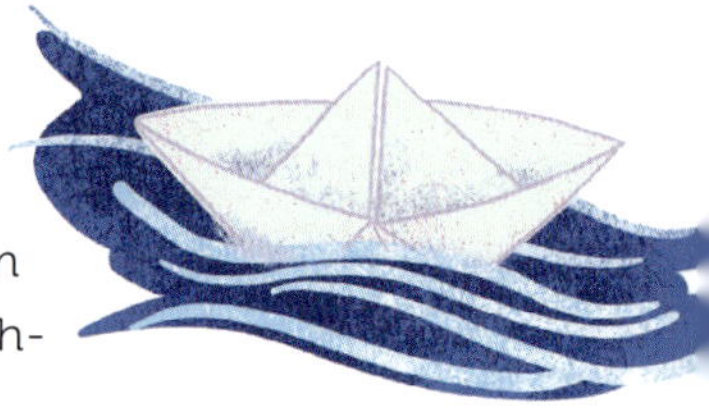

Wir starten linksherum um den See, vorbei an Cafés, Bäckereien und Eisdielen. Weitere Einkehr-Möglichkeiten gibt es erst wieder am Ende der Runde – dafür unterwegs aber mehrere öffentliche Toiletten.

Der äußere, asphaltierte Weg ist Rad- und Rollschuhfahrern vorbehalten, der innere führt Spaziergänger direkt am Ufer entlang. Wo er einen Rechtsknick macht, biegen wir links ab zum ersten Spielplatz, zu erreichen über eine Treppe oder Rampe, die mitten durch den Weinerlebnispfad führt: Links und rechts wachsen Weißweinreben, aus denen tatsächlich jedes Jahr ein Wein produziert wird. Der Spielplatz ist von weitem gut zu sehen dank des meterhohen roten, hölzernen Stangenwaldes. Er bietet u.a. vier Rutschen, Klettermöglichkeiten und Schaukeln mit Blick auf den See.

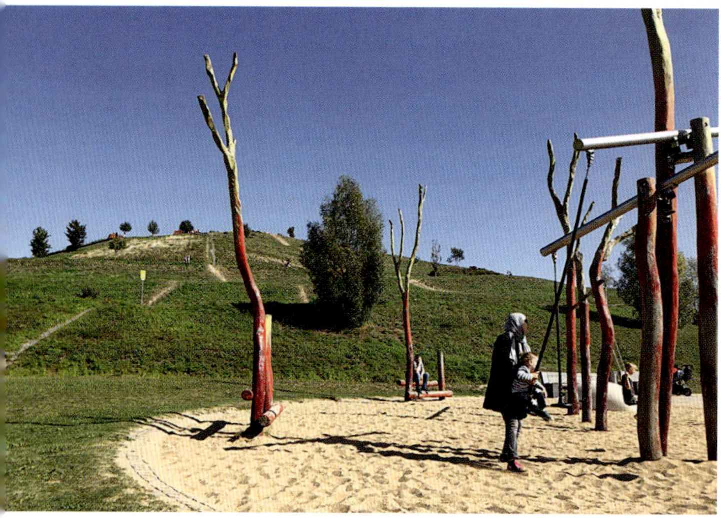

Erst auf den Kaiserberg, dann auf den Spielplatz!

Am Weg

PHOENIX SEE

Wo heute der Phoenix See liegt, wurde zuvor mehr als 150 Jahre lang Stahl gekocht. Im Jahr 2001 gingen im Stahlwerk die Öfen aus, vier Jahre später begann der Bau des Sees. Auf einer der größten Baustellen Europas wurden rund 420.000 Kubikmeter Stahlbeton weggeschafft und mehr als 2,5 Millionen Kubikmeter Boden bewegt – ein Teil des Bodens bildet nun den Neuen Kaiserberg am östlichen Ende des Sees. Seit 2011 ist der Phoenix See Dortmunds Naherholungsgebiet Nummer Eins und eine begehrte Adresse für Wohnen und Arbeiten.

Der Hafen nahe der Hörder Burg ist die Flaniermeile und das gastronomische Zentrum am See – von Eis bis Sushi findet man hier alles. Besonders an den Wochenenden ist der 24 Hektar große See mit seinem 3,2 Kilometer langen Uferweg ein beliebtes Ziel für Spaziergänger und Jogger, Rad- und Rollerfahrer oder Skater. Nur Schwimmen ist nicht erlaubt!

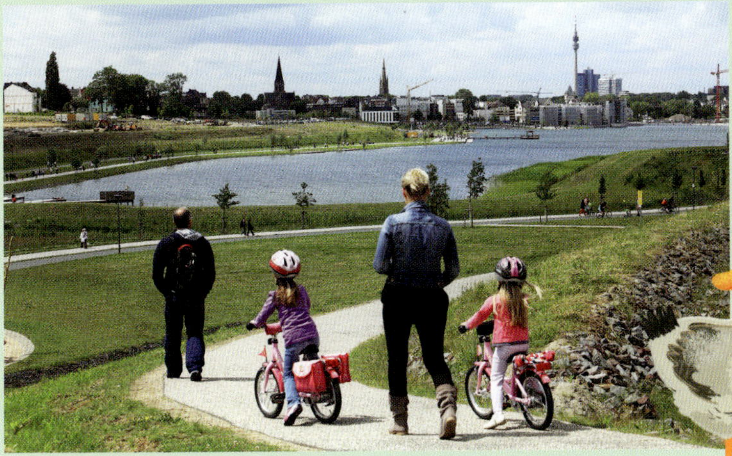

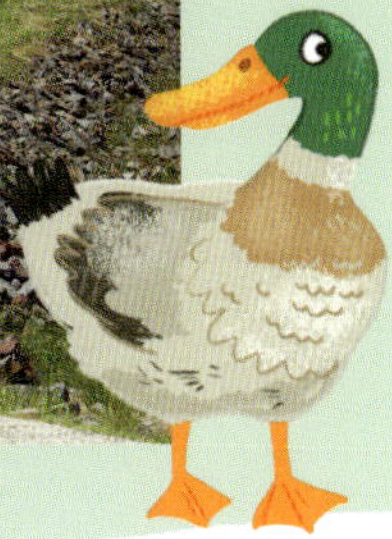

Zurück am See und auf dem Rundweg kommt bald der nächste Spielplatz in den Blick, auf dem ausschließlich Schaukeln aller Art auf die Kinder warten – sie schaukeln entweder im Nest, auf einer Matte, im Sessel oder katapultieren sich zu viert gegenseitig in die Höhe. Wer mag, erklimmt noch den ca. 40 Meter hohen Neuen Kaiserberg – entweder über die Treppe oder den Serpentinen-Weg. Oben lockt der Blick auf Stadion, Ardeygebirge, Fernsehturm „Florian" und den Hochofen Phoenix-West.

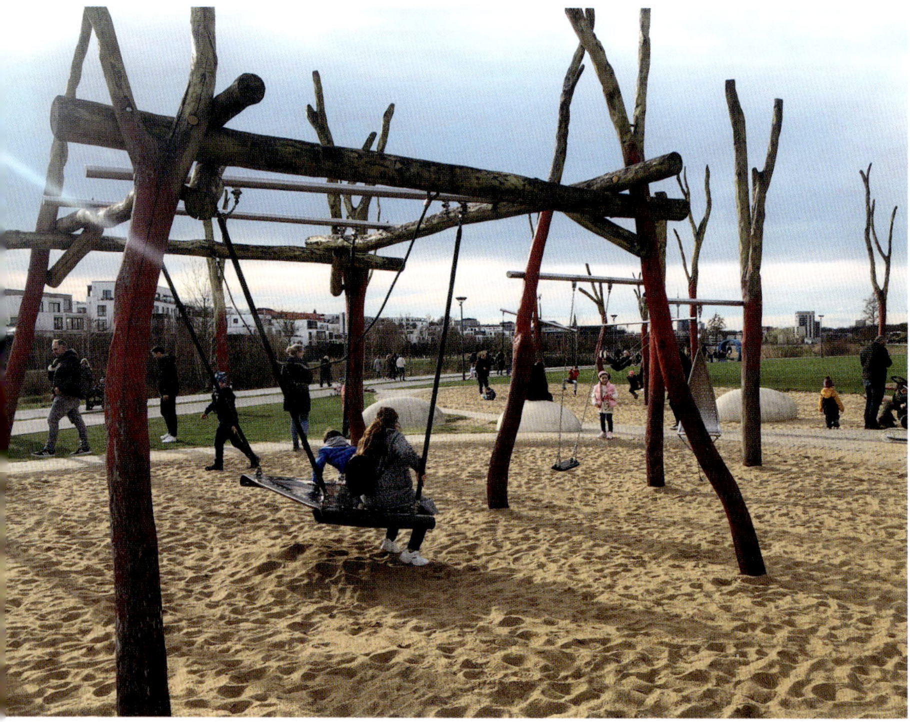

Der Schaukelspielplatz am Kaiserberg

Direkt am Schaukel-Spielplatz geht der Rundweg über eine Brücke weiter. Zuvor lohnt sich jedoch ein Abstecher zu den drei Meter hohen, orangefarbenen Halbkugeln – der „Flüsterbrücke". Noch ein paar

Schritte weiter befindet sich unter der Brücke der Bundesstraße der Jugendplatz „You Point“ mit Parkour-Elementen, Boden-Trampolinen und einer Fitness-Gelegenheit für Erwachsene.

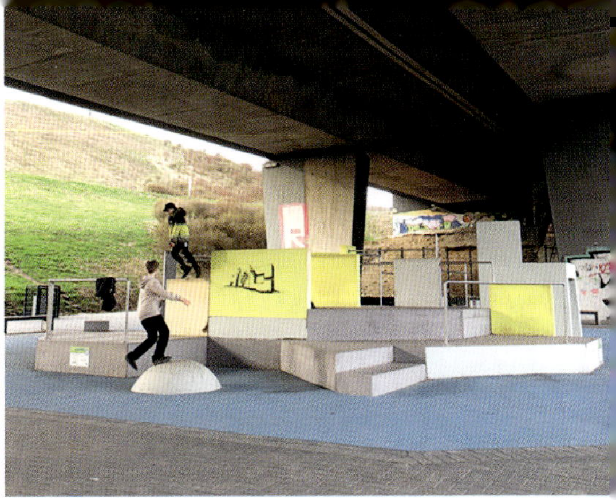

Am Weg

FLÜSTERBRÜCKE

Auf der orange leuchtenden „Flüsterbrücke“ kann man zwar nicht laufen – dafür flitzen die Worte hin und her, so dass man sich über 60 Meter Entfernung verstehen kann! Dazu müssen sich zwei Personen auf jeweils einer Seite der Emscher mit dem Rücken zueinander und dem Gesicht zur geöffneten Kugel stellen. Nun können sie in normaler Lautstärke, sogar leise miteinander sprechen – die Kugeln transportieren die Schallwellen über die Emscher. Der Künstler Jan Bormann verwendete für seine Installation Stahlbleche, die einst in Hörde gefertigt wurden.

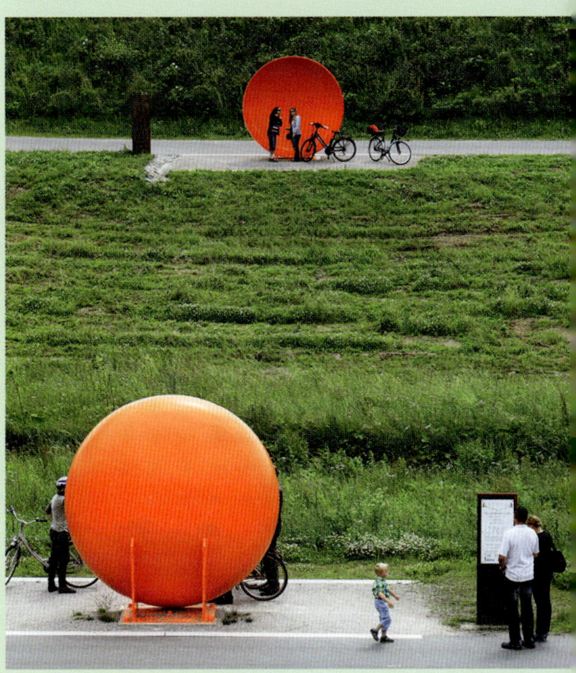

Wir gehen wieder zurück, laufen über die Brücke und dann rechts vorbei an zwei Boule-Bahnen und am Yachtclub. Wer wieder den Weg direkt am See nimmt, kann im flachen Uferwasser von Stein zu Stein hüpfen. Auf Höhe der Hörder Burg gibt es einen Tret- und Ruderbootverleih.

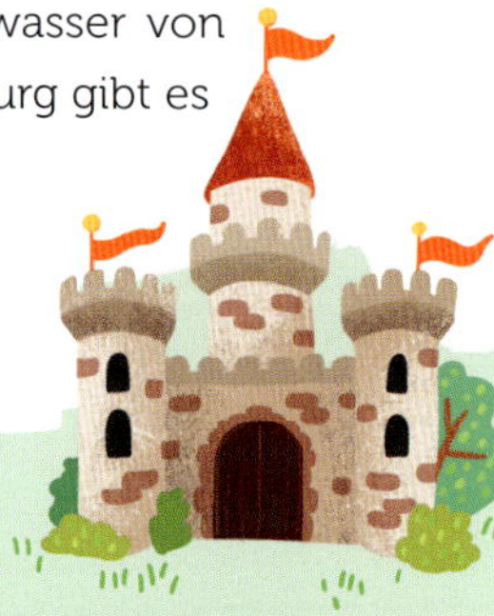

Am Weg

HÖRDER BURG

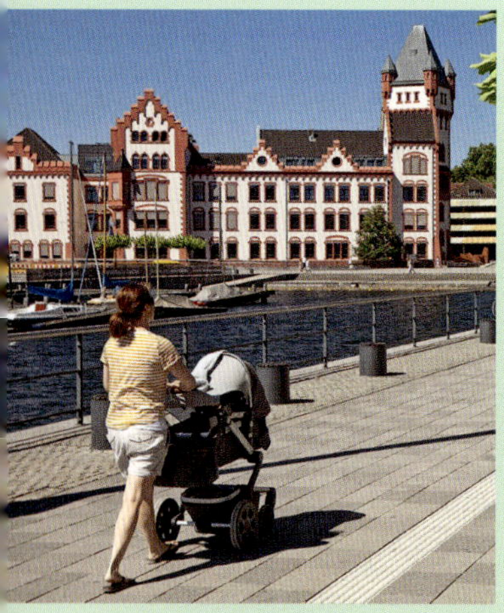

Mit ihren Türmchen und Zinnen wirkt sie wie ein Märchenschloss am See. Die Geschichte der Hörder Burg beginnt im 12. Jahrhundert als Adelssitz. Ihr heutiges Aussehen erhielt sie aber erst Ende des 19. Jahrhunderts: Der Eigentümer der Stahl produzierenden Hermannshütte machte sie zum Verwaltungssitz des Stahlwerks. Heute ist das Gebäude ein Denkmal. Draußen vor der Burg kann man die freigelegten Grundmauern der mittelalterlichen Burg besichtigen.

Der vierte Spielplatz liegt zwischen Emscher und Phoenix See auf dem Weg zurück zum Parkplatz. Dazu lassen wir die Hörder Burg links liegen und gehen geradeaus am Hörder Bach entlang auf die Parkplätze der Hörder Hafenstraße zu. Der Spielplatz liegt etwas versteckt in den Büschen, aber auch hier entdeckt man die bis zu neun Meter hohen, flammend roten Holzstämme, die an den Feuervogel Phoenix erinnern. Dessen Riesen-Eier wollen erklettert werden, außerdem bietet der Spielplatz eine Wasser-Matsch-Stelle und eine Tunnel-Rutsche sowie für die Größeren Tischtennisplatte und Basketballkorb.

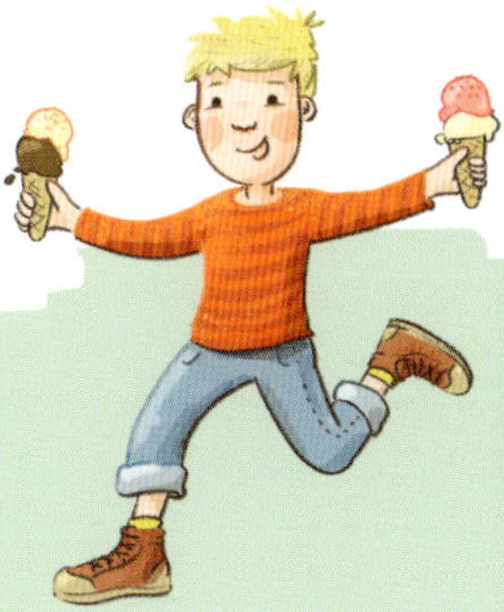

Tipp

An der KUHBAR direkt am See gibt es Eis mit Kuh-geln von Schokuhlade bis Jokuhrt.
Kuhbar, Am Kai 18, 44263 Dortmund

Abstecher

Lust auf eine Extrameile (und einen weiteren Spielplatz)? Wir haben noch Energie und gehen am Spielplatzeingang vorbei über die Emscher-Brücke und links auf die Elias-Bahntrasse. Bei der dritten Gelegenheit biegen wir rechts ab, überqueren die Straße Auf der Kluse und wandern weiter geradeaus entlang der Emscher. Rechts führt uns eine Treppe hinauf zu einer Brücke über die Emscher. Dort gehen wir rechtsherum, und schon erreichen wir den Brückenteich und das sich darüber erhebende Relikt des Hympendahl-Viadukts, auf dem einst eine Schlackenbahn verkehrte.
Der Weg zurück geht geradeaus immer an der Emscher entlang direkt auf den letzten Spielplatz zu. Dort führen eine Hängebrücke und ein Balancier-Parcours zu einer Burg, die es zu erklettern gilt – hinunter geht's dann schneller über eine Röhrenrutsche.
Wir laufen weiter geradeaus durch den Hoetger-Park, vorbei an zwei Skulpturen des Bilderhauers Bernhard Hoetger. An der zweiten („Stehender Mann") biegen wir rechts ab und gehen geradeaus in Richtung Bahnhof Hörde oder, um zum Parkplatz zu gelangen, biegen links ab und gehen an den Gleisen der U-Bahn entlang, um schließlich rechts auf die Elias-Bahntrasse abzubiegen.

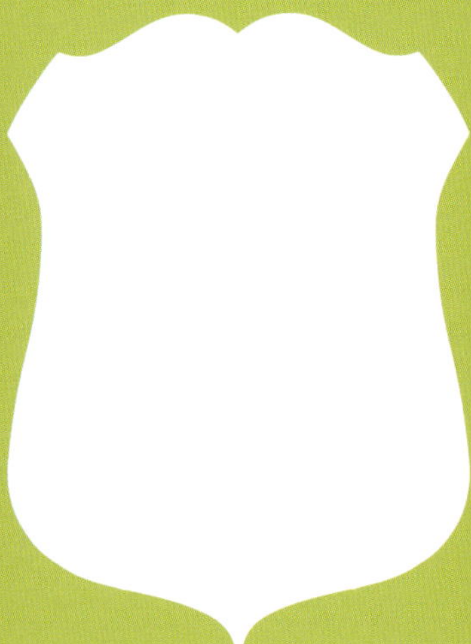

Hier könnt ihr eigene Wappen entwerfen!

Max und Merle suchen den Weg durchs Labyrinth zur Burg. Könnt ihr ihnen helfen?

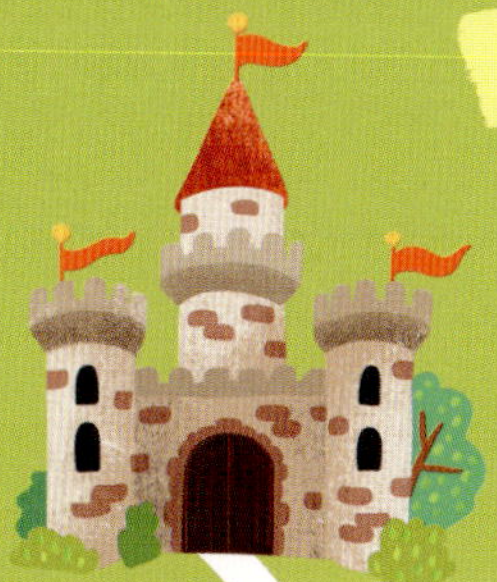

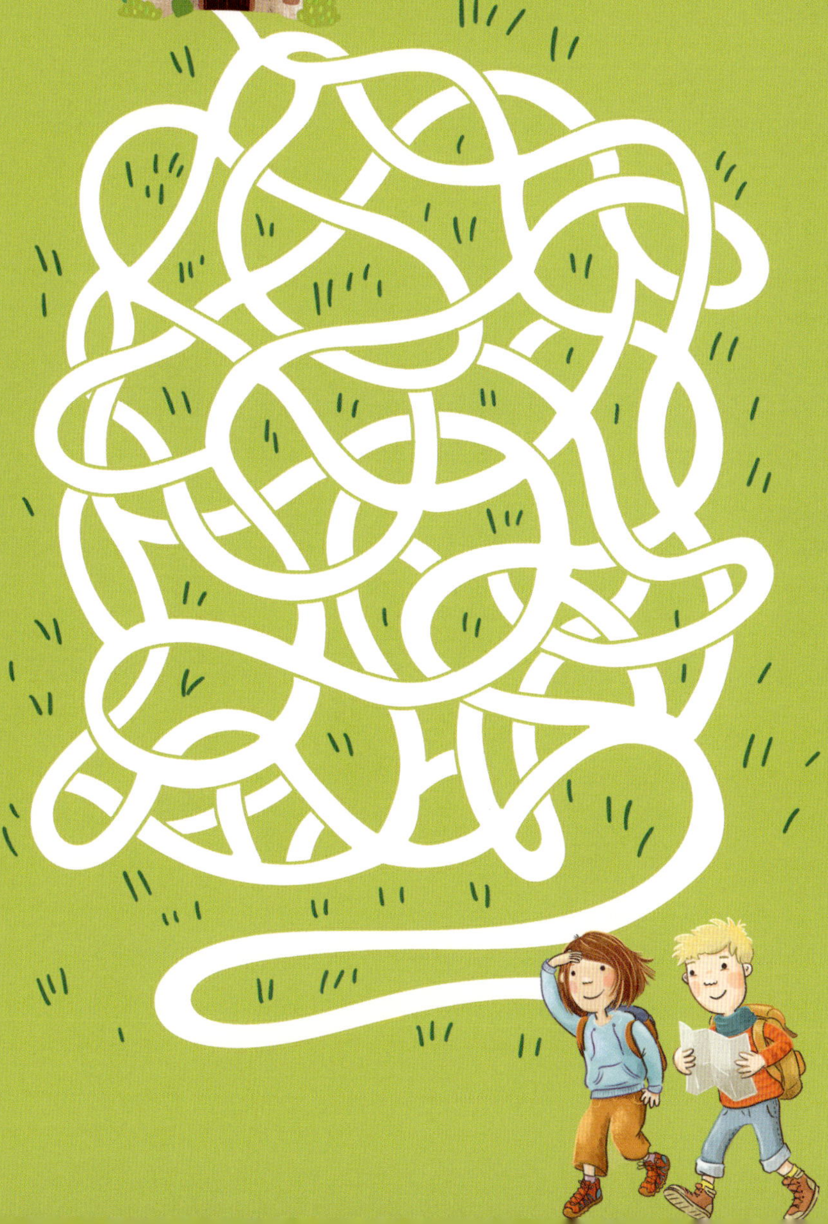

TOUR
11

Startpunkt

Zielpunkt

Parkplatz

Haltestelle

Spiel & Spaß

Gastronomie

Burgen/
Schlösser/
Historische Orte

Aussichtspunkt

Öffentliche
Toilette/WC

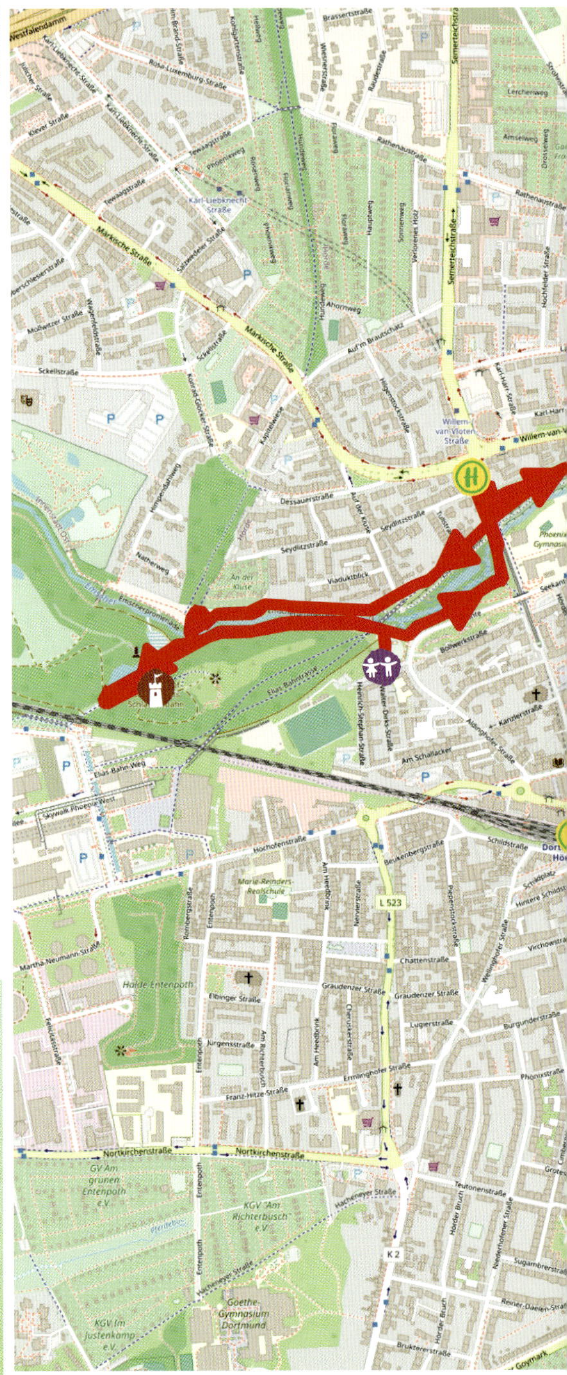

Spielplatz-Wanderung rund um den Phoenix See

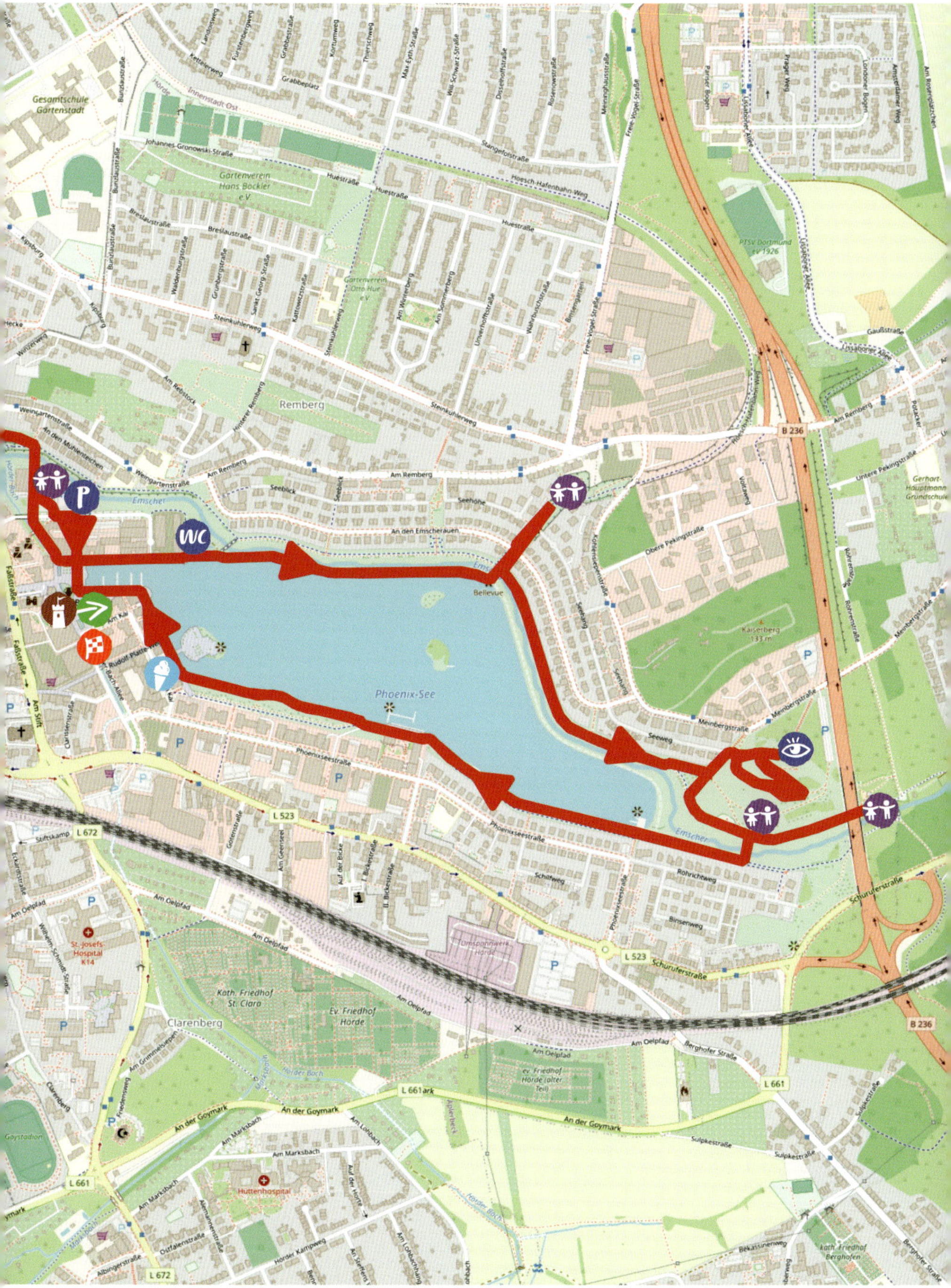

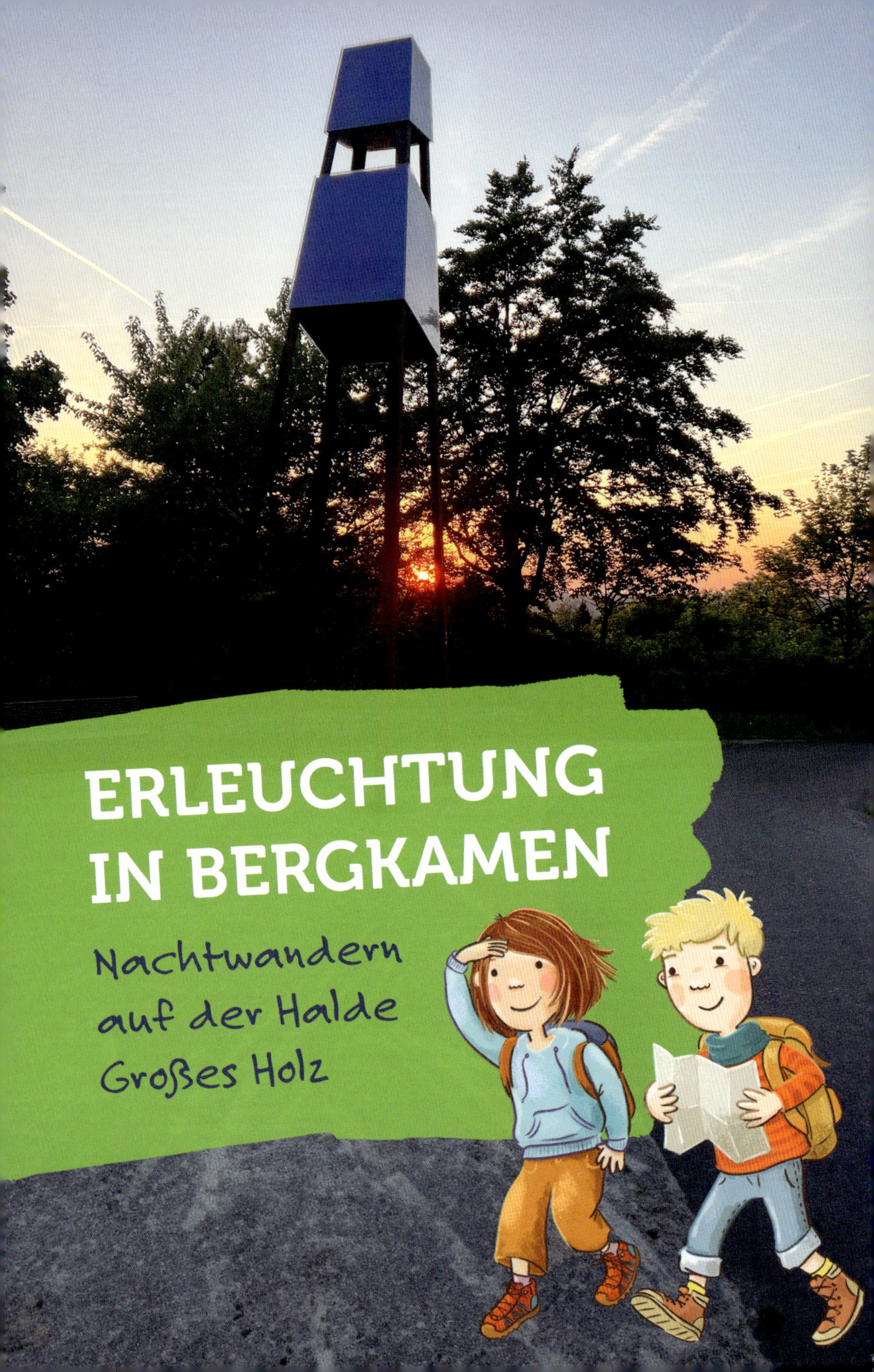
ERLEUCHTUNG
IN BERGKAMEN
Nachtwandern
auf der Halde
Großes Holz

Gewandert am:

Das Wetter heute:

☐ ☐ ☐

Spaßfaktor: ☆☆☆☆☆

Die Halde Großes Holz gehört zu den höchsten im Ruhrgebiet. Schon tagsüber ist ein Spaziergang auf ihren Gipfel, die „Adener Höhe", ein lohnendes Ziel. Besonders beliebt sind die Wege auf die Halde aber in der Dämmerung oder im Dunkeln. Das liegt an den blauen Leuchttürmen, die den Weg hinauf säumen. Außerdem schickt eine leuchtende Stele bis Mitternacht weithin sichtbare Licht-Impulse vom Gipfel in die Landschaft. Kein Wunder, dass sich dort abends nicht nur Familien auf Abenteuer-Tour einfinden, sondern auch Hobby-Fotografen und verliebte Pärchen. Trotz aller Lichtkunst auf der Halde: Eine Taschenlampe sollte vorsichtshalber im Gepäck sein.

TOUR 12

1:30 Std. | 4,6 km | 70 m

Start/Ziel: Wanderparkplatz Waldstraße

Anreise mit ÖPNV: Bus R12 bis Erich-Ollenhauer-Straße ab Lünen Hbf (25 Min.) oder Busbahnhof Bergkamen (3 Min), von dort nach Westen zur ausgeschilderten Zufahrt zum Haldenparkplatz laufen und links herum zum Wanderparkplatz Waldstraße laufen.

Anreise mit Pkw: Parkplatz Waldstraße, 59192 Bergkamen

Wegbeschaffenheit: Asphalt, befestigte Wege

Wegbeschreibung: Wir starten eine Stunde, bevor die Sonne untergeht, um oben auf der Halde den Sonnenuntergang zu genießen. Am Wanderparkplatz Waldstraße lesen wir uns an den Info-Tafeln über die Halde Großes Holz erst einmal ein und verschaffen uns einen Überblick. Hier steht auch direkt der erste von insgesamt neun blauen Leuchttürmen, eine etwa acht Meter hohe, etwas windschief wirkende Skulptur aus Stahl und Plexiglas. Beim Entwurf stand erkennbar das benachbarte Fördergerüst der Zeche Monopol Pate. Da es noch zu hell ist, leuchtet der Leuchtturm noch nicht, bildet aber mit seinem Blau einen schönen Kontrast zum Grün der Halde.

Am Weg

HALDE GROSSES HOLZ

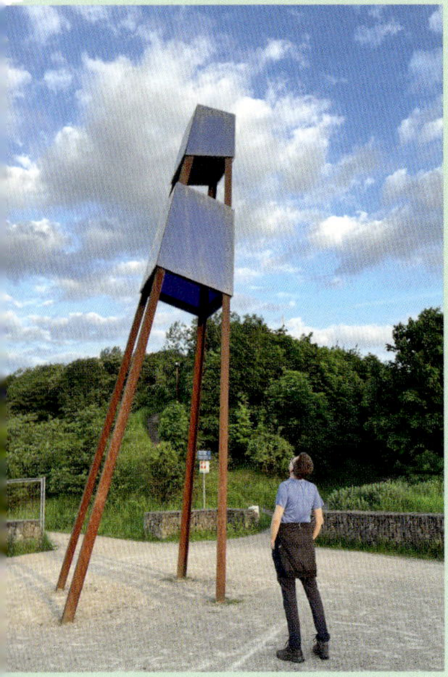

„Großes Holz" ist der Name des Waldes, der einst wuchs, wo sich heute die Halde befindet – Reste des Waldes findet man noch rund um den Beversee, der sich etwa 5 Kilometer nordöstlich befindet. Die Halde besteht aus „taubem Gestein", also Abraum aus der Tiefe, der zusammen mit der Kohle zutage gefördert wurde. Die höchste Stelle, die Adener Höhe, erhebt sich etwa 87 Meter über der Umgebung. Damit ist die Halde eine der höchsten im Ruhrgebiet. Unter der Halde befindet sich ein Tunnel, durch den die Kohle früher zum benachbarten Kohlekraftwerk transportiert wurde.

Wir folgen nun der asphaltierten Serpentinenstrecke. Es geht im Zickzack bergauf quer durch beeindruckend dichten Bewuchs – diese Halde ist ein Biotop für die Industrienatur, die sich hier in den vergangenen Jahrzehnten angesiedelt hat – aber auch für Tiere. Schon nach wenigen Metern begegnen wir einer Blindschleiche, später einer Eidechse – und sogar einer Wildkatze!

Bald kommen wir auf einem ersten Plateau an, der „Bastion", und genießen bereits einen weiten Blick. Zu sehen sind der nahe gelegene Datteln-Hamm-Kanal, das Kraftwerk Bergkamen – und die Sonne, die in Richtung Dortmund langsam sinkt. Die Aussichtsplattform ist eingefasst von Gabionenwänden, also Käfig-Konstruktionen, die mit blauem Glas gefüllt sind. Die Farbe Blau ist ein wichtiges Gestaltungselement auf der Halde: Der „Korridorpark", der sich von West nach Ost über den Hügel zieht, verläuft wie ein grün-blaues Band bis zur Bergkamener Stadtmitte.

Vom Plateau aus gehen wir weiter geradeaus und folgen dem Schotterweg, der noch eine Weile eben verläuft. Dabei passieren wir einen weiteren Leuchtturm. An einer Abzweigung entdecken wir links gleich den nächsten und biegen neugierig dorthin ab.

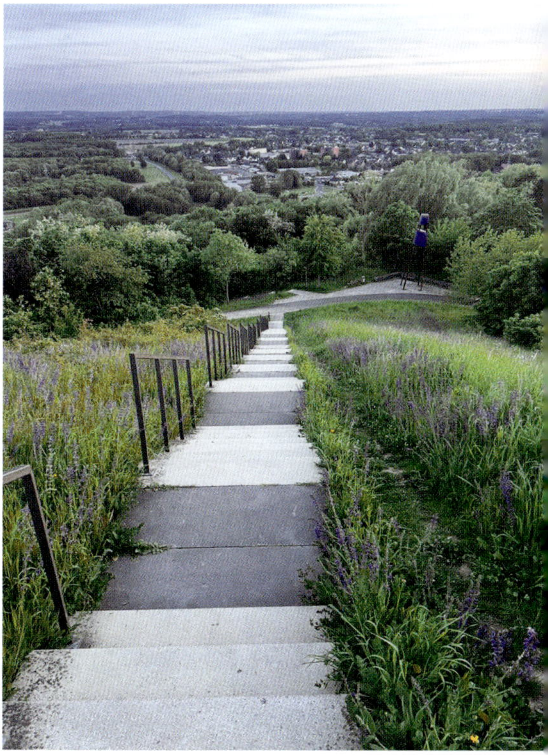

Über Serpentinen oder eine Treppe geht es wieder hinab.

Abstecher

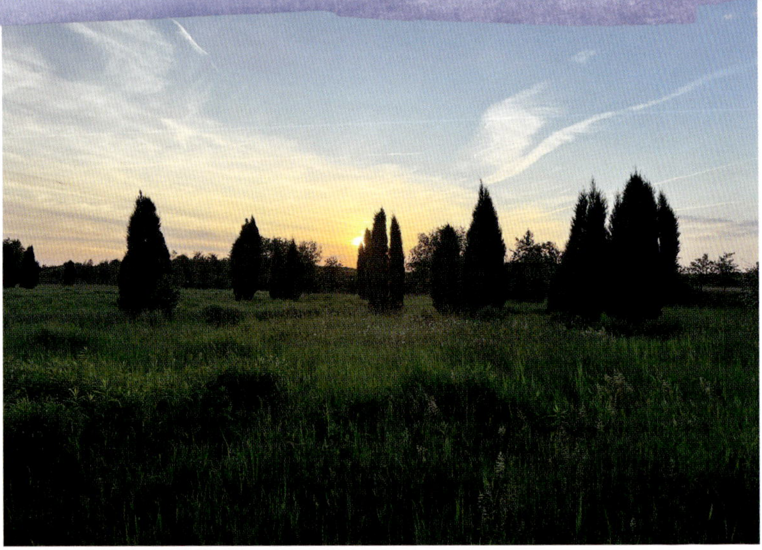

Der Weg führt zum Baumplateau – ein Abstecher, aber wir liegen gut in der Zeit. Wir werden überrascht von einer Ansammlung von Koniferen und einem Gräserfeld, auf dem Astern und Wacholder wachsen. Tatsächlich dominieren auch bei den Pflanzen die Blaublüher. Wir gehen bis zum Ende des Weges, dann rechts und gleich wieder links. An einer Bank biegen wir links ab und gehen in einem Bogen durch das Gras um die Koniferen herum zurück, vorbei an weiteren Bänken, die ahnen lassen, dass dieser Ort der Lieblingsplatz vieler Menschen ist.

Zurück auf dem Hauptweg gehen wir rechts und wieder rechts auf den Leuchtturm zu. An der Gabelung laufen wir nun links den Schotterweg hinauf und an der nächsten Abzweigung rechts in Richtung Adener Höhe. Bald erscheint der nächste Leuchtturm – und so langsam ist sein blaues Licht in der Dämmerung schon gut zu erkennen.

Am Weg

IMPULS

Die weiß leuchtende, 33 Meter hohe Landmarke auf der Adener Höhe ist ein Lichtkunstwerk mit dem Namen „Impuls". Es steht seit 2010 auf dem Gipfel. 14.400 LEDs lassen energiesparend das Licht pulsieren. Seine volle Wirkung entfaltet die Stele aus der Ferne. Von nahem erkennt man allerdings, wie sie funktioniert: Ein vertikales, von unten bis an die Spitze verlaufendes Band aus LED wird alle paar Sekunden breiter und wieder schmal, indem sich LED-Reihen dazu- und wieder ausschalten.

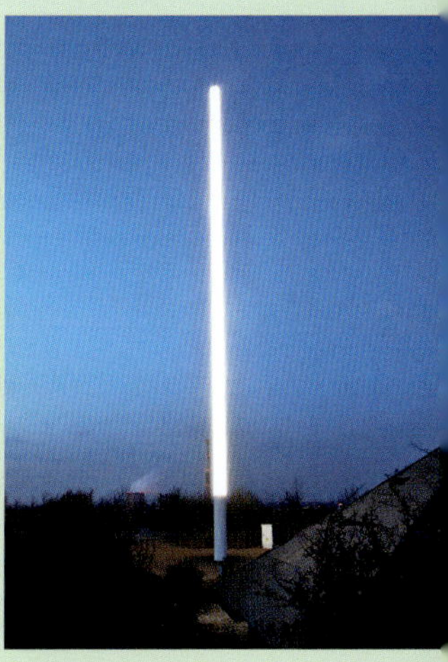

Hier müssen wir entscheiden: Nehmen wir den direkten Weg über die Treppe zur Adener Höhe, oder bleiben wir geradeaus auf dem Fußweg? Wir wählen den Fußweg und stehen bald auf dem oval angelegten Gipfelplateau, auf dem sich schon einige Menschen mit ihrer Kamera positioniert haben. Bis die Sonne bilderbuchreif untergeht, lesen wir auf den Schildern, was das Panorama zu bieten hat: In der Ferne finden kann man Lünen und Schloss Cappenberg, den Förderturm der Zeche Monopol und das Bergkamener Rathaus, das Lanstroper Ei in Dortmund, den Höhenzug „Haarstrang" und den Römerpark Bergkamen.

Wir verlassen das Gipfelplateau diesmal über die Treppe, auf die eine weitere Treppe bergab folgt. Am Ende gehen wir links. Dort, wo wir wieder auf Asphalt stoßen, machen wir eine scharfe Rechtskurve zurück und folgen dem asphaltierten Weg immer bergab. Unten nehmen wir den ersten Weg rechts und laufen an einem Bach entlang bis zum Parkplatz.

Hier haben sich nachtaktive Tiere versteckt: Wisst ihr, welche hier hängen? Findet es heraus, indem ihr die Zahlen in der richtigen Reihenfolge miteinander verbindet!

Schnecken, Nachtfalter, Fledermäuse, Igel, Katzen oder Glühwürmchen – welche Tiere kannst du unterwegs hören oder sehen?

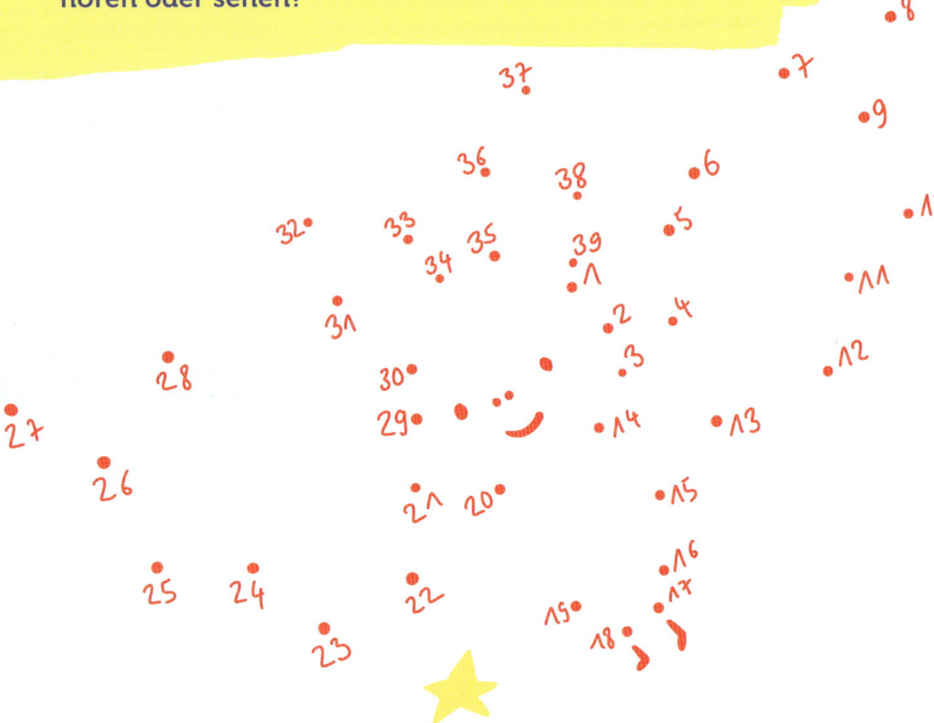

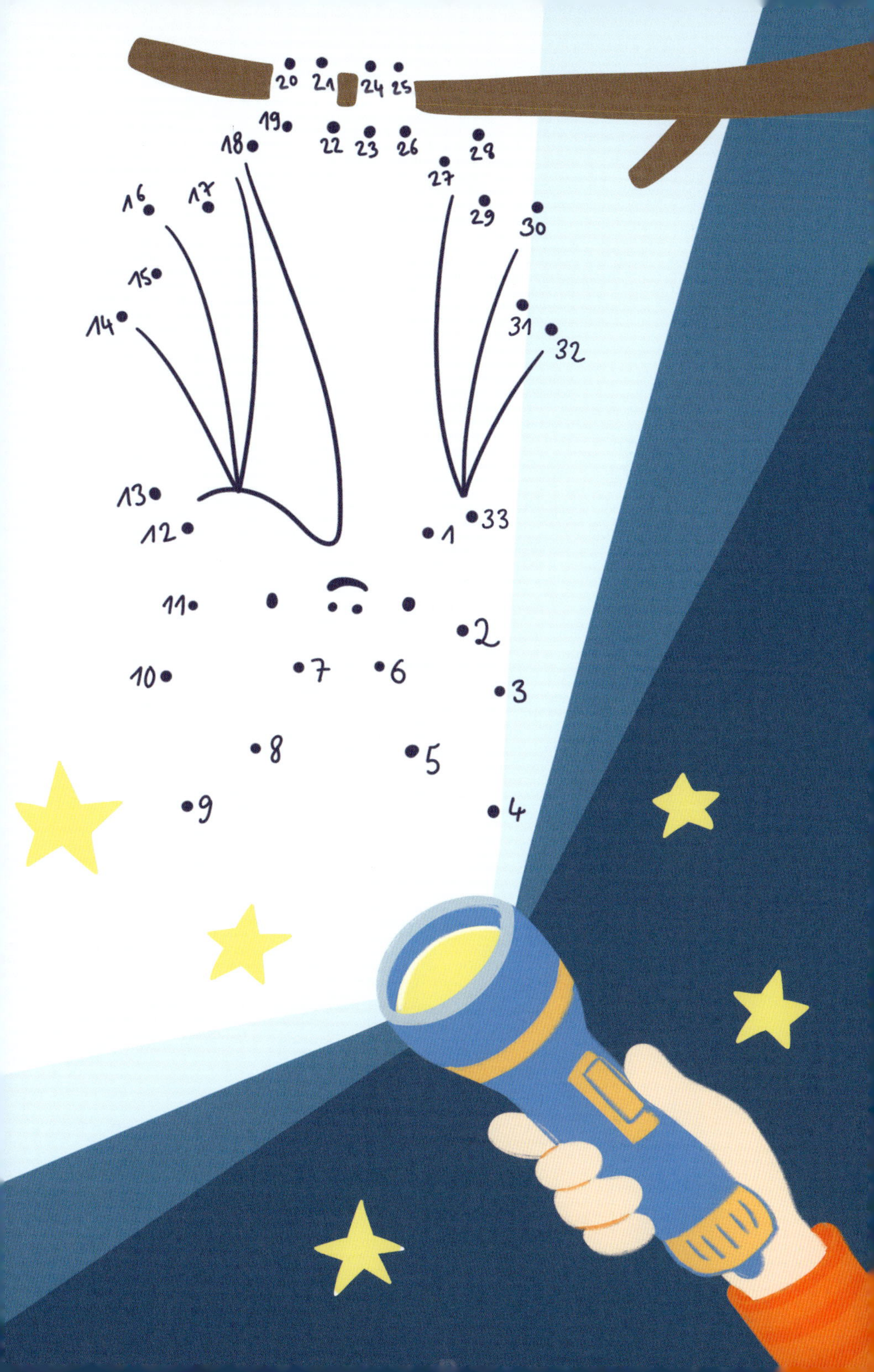

TOUR 12

Startpunkt

Zielpunkt

Parkplatz

Naturerlebnis

Aussichtspunkt

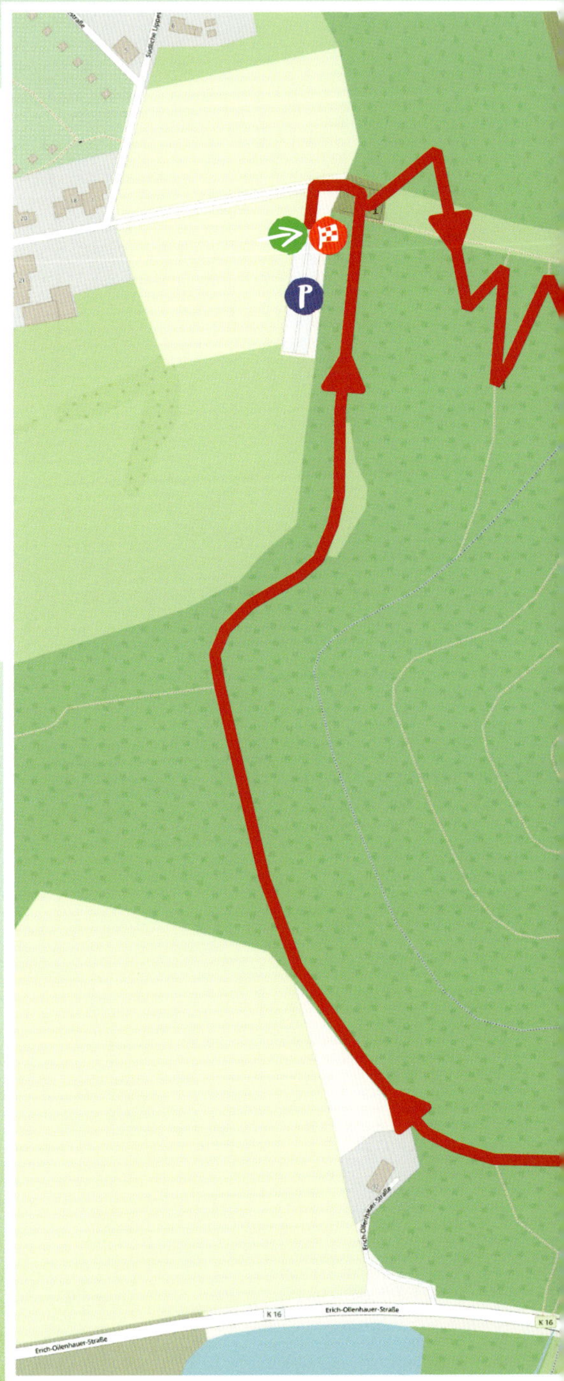

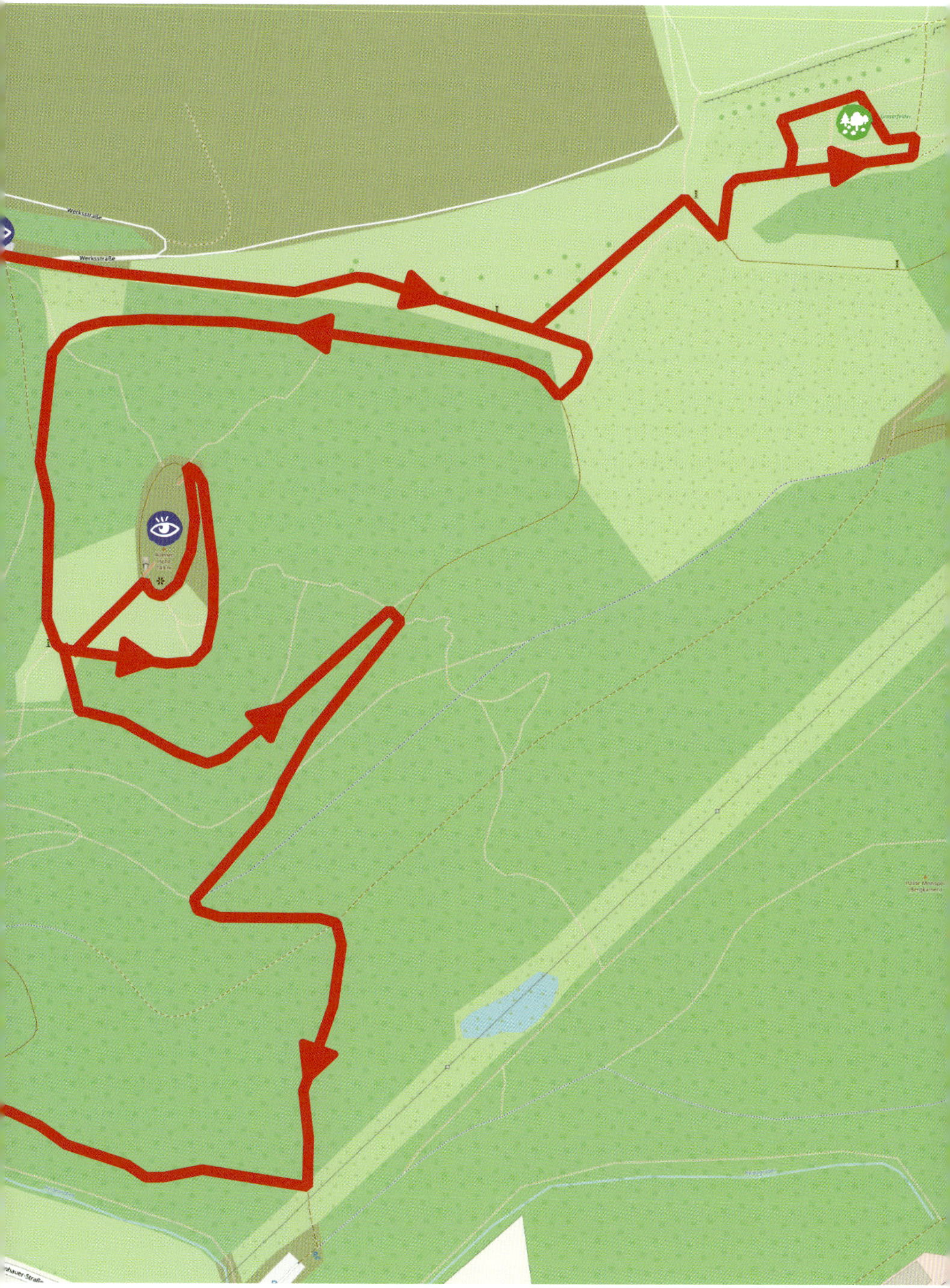

PRAKTISCHE HINWEISE

Die Wanderungen in diesem Buch sind alle für euch erstellt und erwandert worden, die Kartenausschnitte sind so detailliert, dass man in den meisten Fällen gut ohne die GPX-Daten wandern kann. Da die vorgestellten Wege in die Natur führen, sind sie der Witterung und damit der Veränderung ausgesetzt. Solltet ihr beim Wandern feststellen, dass irgendwo unüberwindbare Hindernisse entstanden sind oder dass sich die Wegführung geändert hat, dann freuen sich Autorin und Verlag über eine entsprechende Nachricht. Alle Zeitangaben beziehen sich auf die reine Gehzeit, mit Kindern solltet ihr auf jeden Fall etwas mehr Zeit für Spiel und Spaß am Wegesrand einplanen – und für die eine oder andere Pause.

Die GPX-Daten zu den Touren sind auf der Internetseite des Verlages hinterlegt.

AUSSCHLUSSFORMEL

Alle Informationen und Angaben zu Adressen wurden vom Verlag und der Autorin nach bestem Wissen und Gewissen zusammengestellt. Zum Zeitpunkt der Recherche waren sie korrekt, eventuell kann es nach Erscheinen zu Änderungen kommen. Für die Richtigkeit der Angaben in diesem Buch kann keine Haftung übernommen werden. Dies gilt auch für eventuelle Abweichungen bei den GPX-Daten. Für die Webseiten Dritter, die in diesem Werk genannt werden, übernehmen weder Verlag noch Autorin Haftung.